2025 国家统一法律职业资格考试

百日通关攻略

BAIRI TONGGUAN GONGLÜE

行 政 法

嗨学法考 组编　　黄韦博 编著

中国农业出版社
北 京

图书在版编目（CIP）数据

国家统一法律职业资格考试·百日通关攻略. 行政法 / 嗨学法考组编；黄韦博编著. -- 北京 ： 中国农业出版社， 2024. 9. -- ISBN 978-7-109-32497-8

Ⅰ. D92

中国国家版本馆CIP数据核字第20249UE933号

国家统一法律职业资格考试 · 百日通关攻略 · 行政法

GUOJIA TONGYI FALÜ ZHIYE ZIGE KAOSHI · BAIRI TONGGUAN GONGLÜE · XINGZHENGFA

中国农业出版社出版

地址：北京市朝阳区麦子店街18号楼

邮编：100125

责任编辑：全　聪

文字编辑：陈亚芳

责任校对：吴丽婷

印刷：正德印务（天津）有限公司

版次：2024年9月第1版

印次：2024年9月第1次印刷

发行：新华书店北京发行所

开本：787mm×1092mm　1/16

总印张：89.5

总字数：2233千字

总定价：298.00元（全8册）

使用指南

　　第一次使用本书的同学们，请花几分钟阅读本页，了解如何最大限度地使用这本书。另外，本书的权益是配套课程及题库，扫码即可获取8位作者的240小时配套精讲课程及章节精练3500题。同学们可以对着本书，听课、练习！

知识点
这里是高频考察的知识点，须仔细阅读，如未完全理解可立即听课加深理解。

图表
简洁明了的表格，提炼考点的关键信息，方便你对比记忆。

例
举例子，方便你更易读懂重要知识点。

题
精选与章节知识点相结合的题，助你及时检验学习成果，查漏补缺。

注意
关键信息提示，加深理解，避免忽视重点信息。

☀️ **知识点**

一、自然人的民事权利能力

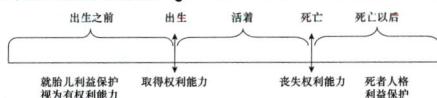

出生之前	出生	活着	死亡	死亡以后
就胎儿利益保护视为有权利能力	取得权利能力		丧失权利能力	死者人格利益保护

1. 信用证欺诈的种类		（1）开立假信用证；（2）"软条款"信用证，即以信用证附加条件等方式加重受益人（卖方）风险；（3）伪造单据；（4）以保函换取与信用证相符的提单；（5）受益人（卖方）恶意不交货或交付的货物无价值等。
2. 信用证欺诈例外（止付信用证项下款项）	（1）止付条件	①必须由有管辖权的**法院**审理判决终止支付信用证项下款项。 ②申请人须提供**证据材料证明**有信用证欺诈情形。 ③不中止支付将会使申请人合法权益遭到**难以弥补的损失**。 ④申请人提供了可行、充分的**担保**。
	（2）禁止止付情形	若存在如下情形，则不能再通过司法手段干预信用证项下的付款；①开证行的指定人、授权人已按照开证行的指令善意地进行了**付款**或**承兑**；②保兑行善意地履行了**付款**义务；③议付行善意地进行了**议付**。

例 甲死亡时，父亲早已去世，留有母亲和怀孕的妻子，B超检查为宫内单胎。甲留有遗产30万元，在分割遗产时，视为胎儿有权利能力，参与继承。若胎儿出生为死体，则其民事权利能力自始不存在，甲的遗产由甲的继承人（甲妻和甲母）继承（每人各得二分之一）。若胎儿出生时为活体随即死亡（先活后死），则甲的遗产先按其母亲的婴儿、甲妻、甲母继承（该婴儿、甲妻、甲母各得三分之一），该婴儿死亡后其所得遗产再被其继承人（甲的妻子）继承，此时甲的妻子得三分之二（甲母得三分之一）。

[考点练习]

根据《民事诉讼法》和有关司法解释的规定，以下哪种证据，当事人无权申请法院责令对方当事人提交？

A. 书证　　　　　B. 物证
C. 视听资料　　　D. 电子数据

答案：B

解析：根据《民事证据规定》，目前三类证据都可以申请文书提出命令：书证、视听资料、电子数据。在德日等大陆法系国家，有关书证的规则也适用于视听资料和电子数据，《民事证据规定》第99条作了同样的规定：关于书证的规定适用于视听资料、电子数据。

🔍 **注意** 法是统治阶级意志的体现，并不意味着统治阶级的意志就是法。统治阶级的意志只有经过国家机关被上升为国家意志、被客观化正式化为具体规定才能成为法。统治阶级意志也可能表现为政策等。

考点
掌握主要知识点，让学习目标更明确。

文字
双色突出重点，助你快速识别知识要点。

解析
深化解题思路，掌握解题技巧。

未完待续……

课 程 使 用 指 导

扫码获取
配套课程及题库

仅需一键扫码，就可领取与图书完全配套的精讲课程。段波、张宇琛等8位作者在等你哦！

step 1

点击**学习**——在这里找到2025考季百日通关课程，点击进入。

我的课程　法律职业资格考试 >

2025百日通关图书配课
2025.12.31过期　去学习>

学习

step 2

点击**课程**——在这里可以看到8大科目并可随意切换，选定相应科目后，点击学习即可听课。

课程　资料

刑法

2025考季

知识精讲
跟学语寻　　继续学习

step 3

点击**题库**——在这里切换做题模式。

点击**客观题**——在这里可以切换"客观题"和"主观题"两种考试形式，选定科目后即可看到相应的章节精练。

数字化题库记录你的做题数据、错题集、收藏夹、练习历史，方便查漏补缺。

客观题 ▾

刑法　刑诉　民法　民诉　行政法　商经法

做题数据　错题集　收藏夹　练习历史

章节精练
191/531题　57%

每日一题

连对挑战　智能做题

易错题库　高频考点
已做0/0题　已做0题

历年真题　模拟测试
已做1套/共12套　已做0套/共112套

题库

目 录

导　论

行政法是调整行政关系，解决政府与公民之间"官民"纠纷的法律规范，与民法、刑法、商法、民诉法、刑诉法并称为法考中的"六大法"，也是国家法律体系的核心内容。"六大法"在法考中会以客观题和主观题两种形式一体考查，故考试分值比重最大。绕开行政法复习法考就如同人失去了部分肢体，伤残等级鉴定为"部分丧失考试能力"，这不仅会从分值上失去一大块，还将影响到其他知识的学习效果。从司法考试到法律职业资格考试，行政法自 2018 年"法考元年"开始，命题趋势和命题重点稳中有变，主要体现为以下三个方面。

一、题型和分值相对固定

行政法考试题型分为单选、多选、不定项、案例分析、论述五种，客观题占 30 分左右，其中单选每题 1 分、多选每题 2 分、不定项每题 2 分；主观题考查一道，一般为案例分析，分值 28 分。2018—2024 年主观题行政法均考查一道 28 分的案例分析题，因考试人群的变化"法考元年"的行政法考查分值比例稳中有升，主客观题采取命题考点一体化考查。

二、考查的范围和重点恒定

行政法考查的法条集中于《立法法》《公务员法》《行政许可法》《行政处罚法》《行政强制法》《行政复议法》《行政诉讼法》《国家赔偿法》几部法律和《政府信息公开条例》《行政法规制定程序条例》《规章制定程序条例》《国务院行政机构设置和编制管理条例》《行政复议法实施条例》等相关行政法规，其中《行政诉讼法》及其司法解释的内容占一半左右。在这些法律法规中，必考、常考的法条和考点也是相对确定的，重者恒重体现尤为明显。行政法的命题重点集中在行政处罚、行政许可、行政强制、行政复议、行政诉讼五个部分，主观题的考查范围分布在行政许可、行政处罚、行政强制、政府信息公开、行政复议、行政诉讼和国家赔偿几个部分，其中行政诉讼属必考内容。

三、命题特点相对稳定

行政法部分命题特点较为稳定，尤其是 2007 年之后的命题基本上遵循"中正平稳"的风格，注重对常用法律法规、基础理论和新增法条的考查，少有偏、怪、深、奇的考题，难度适中，争议甚微，但 2020 年以后的命题难度和实务性有所提升。就命题特点而言，具体体现在以下几点：

1. 注重考查法条细节的精确性。行政法考试中经常出现例如区分"应当""必须"还是"可以""应当有例外"不等于"必须"之类的问题，考生复习时一定要注重细节，通过掌握立法原理来记忆。

2. 注重考查易混考点的准确性。对于易混考点要注意概念体系清晰，尤其是对六大基本原则的内容、行政法规和规章制定程序、行政行为三部曲（处罚、许可、强制）以及行政争议三部曲（复议、诉讼、赔偿）的归纳总结和对比记忆。

3. 综合性考查融会贯通。行政法考试一般采取将实体法和程序法的多个知识点同时出在一个题目中的方法，综合考查考生对行政法体系、原理和法条的交叉运用，所以考生需要在学习时注重对行政法体系的把握以及知识之间的融会贯通。同时，命题的综合性也体现为以案例形式对法律思维、基础理论和法条并行考查。以指导性判例、社会热点事件、常见多发案件为蓝本精练而成的案例分析题，有针对性地考查常用行政法律知识，既涉及行政法治思维和基础理论，也涉及现行法律、法规和司法解释的运用。尤其是对基本概念、基本原则的考查力度非常大。

4. 新法必考。我国行政法起步较晚，还没有形成完整的体系，法考所涉及的行政法律规范本身不是很多，因此一旦出现新的法律规范必然会成为考查的重点，尤其是卷四的案例分析题一般都会涉及新法考点。2025 年的法考行政法部分，应重点关注《治安处罚法修正案》和最高人民法院发布的新司法解释涉及的变化考点。

行政法考点体系框架

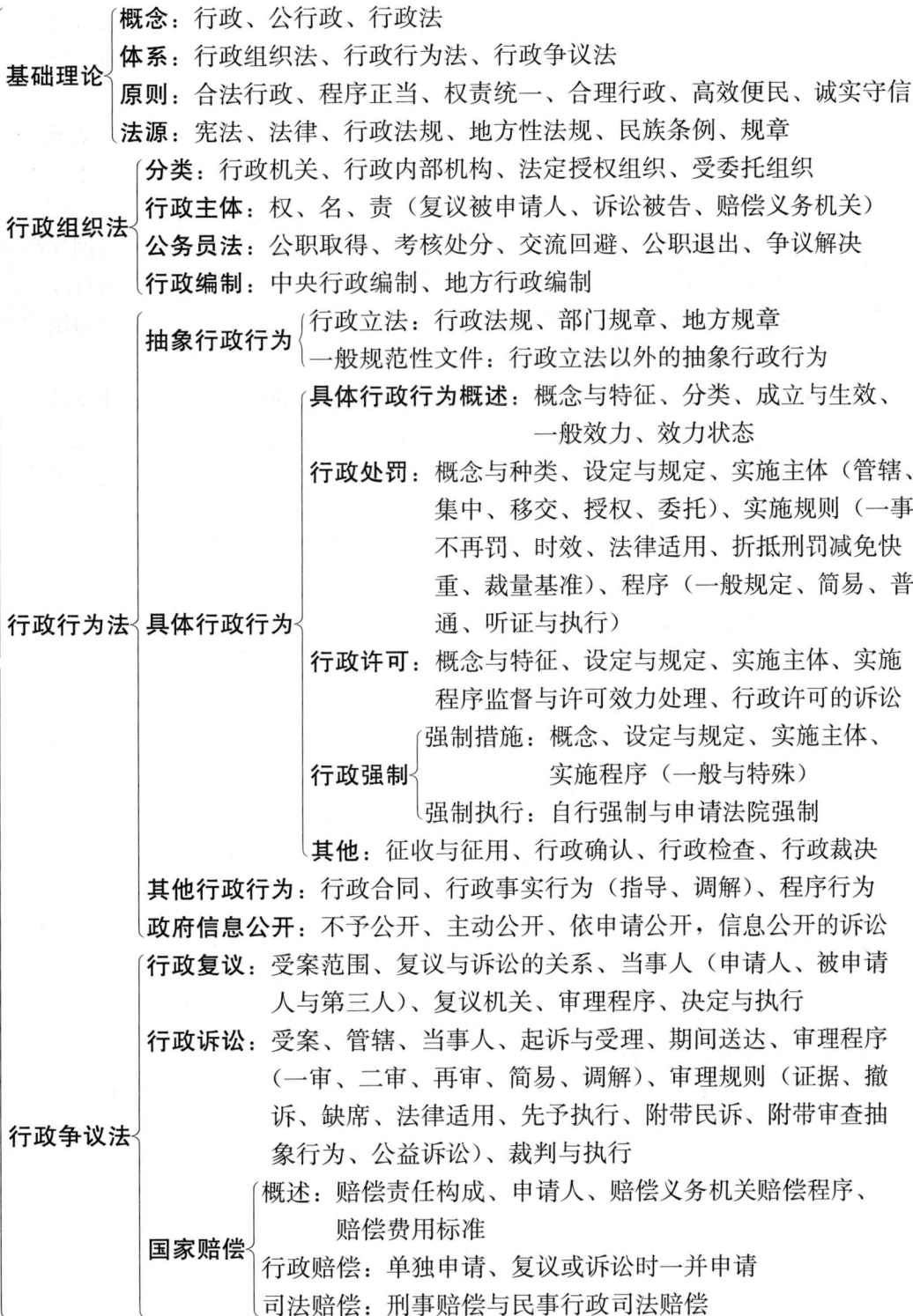

- 基础理论
  - **概念**：行政、公行政、行政法
  - **体系**：行政组织法、行政行为法、行政争议法
  - **原则**：合法行政、程序正当、权责统一、合理行政、高效便民、诚实守信
  - **法源**：宪法、法律、行政法规、地方性法规、民族条例、规章

- 行政组织法
  - **分类**：行政机关、行政内部机构、法定授权组织、受委托组织
  - **行政主体**：权、名、责（复议被申请人、诉讼被告、赔偿义务机关）
  - **公务员法**：公职取得、考核处分、交流回避、公职退出、争议解决
  - **行政编制**：中央行政编制、地方行政编制

- 行政行为法
  - 抽象行政行为
    - 行政立法：行政法规、部门规章、地方规章
    - 一般规范性文件：行政立法以外的抽象行政行为
  - 具体行政行为
    - **具体行政行为概述**：概念与特征、分类、成立与生效、一般效力、效力状态
    - **行政处罚**：概念与种类、设定与规定、实施主体（管辖、集中、移交、授权、委托）、实施规则（一事不再罚、时效、法律适用、折抵刑罚减免快重、裁量基准）、程序（一般规定、简易、普通、听证与执行）
    - **行政许可**：概念与特征、设定与规定、实施主体、实施程序监督与许可效力处理、行政许可的诉讼
    - 行政强制
      - 强制措施：概念、设定与规定、实施主体、实施程序（一般与特殊）
      - 强制执行：自行强制与申请法院强制
    - **其他**：征收与征用、行政确认、行政检查、行政裁决
  - **其他行政行为**：行政合同、行政事实行为（指导、调解）、程序行为
  - **政府信息公开**：不予公开、主动公开、依申请公开，信息公开的诉讼

- 行政争议法
  - **行政复议**：受案范围、复议与诉讼的关系、当事人（申请人、被申请人与第三人）、复议机关、审理程序、决定与执行
  - **行政诉讼**：受案、管辖、当事人、起诉与受理、期间送达、审理程序（一审、二审、再审、简易、调解）、审理规则（证据、撤诉、缺席、法律适用、先予执行、附带民诉、附带审查抽象行为、公益诉讼）、裁判与执行
  - 国家赔偿
    - **概述**：赔偿责任构成、申请人、赔偿义务机关赔偿程序、赔偿费用标准
    - 行政赔偿：单独申请、复议或诉讼时一并申请
    - 司法赔偿：刑事赔偿与民事行政司法赔偿

专题一　行政法的基础理论

扫描右侧二维码"听课＋做题"，直达最佳学习效果

1. 在线听课：学习本章节核心考点讲解课程。
2. 在线刷题：点击 🏠 进入题库做章节练习。

考点一：行政法的概念、体系和法源

一、行政法的概念

$$\text{行政}\begin{cases}\text{公行政}\begin{cases}\text{国家公行政（行政机关）}\\\text{社会公行政（法律、法规、规章授权组织）}\end{cases}\\\text{私行政（民商法）}\end{cases}$$

行政法的概念	行政法是调整行政关系，规范公共行政活动的法律规范
行政权的性质	立法制定规则、行政执行规则（主动）、司法运用规则裁决争议（被动）、监察监督公务人员
核心价值	控权保民：规范和控制行政权，保障公民的合法权益，以平衡官民权利和公私利益
行政法律关系	行政主体 _____ 行政行为 _____ 行政相对人（明确指向的公民、法人或其他组织）与利害关系人（影响其合法权益的公民、法人或其他组织）
行政法治思维	分析研判争议行政行为是否符合依法行政，依法解决"官民"纠纷，保障合法权益和公共利益
案件分析步骤	（1）辨行为；（2）定主体；（3）审事实；（4）判结论（合法性：实体法，审理裁判：程序法）

　　例　县规划局向房地产公司颁发建设工程规划许可证，批准房地产公司在小区大门附近建设高层建筑，小区28户居民认为该规划许可证违反国家关于房屋间距的强制性规定，侵犯居民的采光、通风等相邻权，向法院提起行政诉讼请求撤销该许可证。

【法律思维分析】

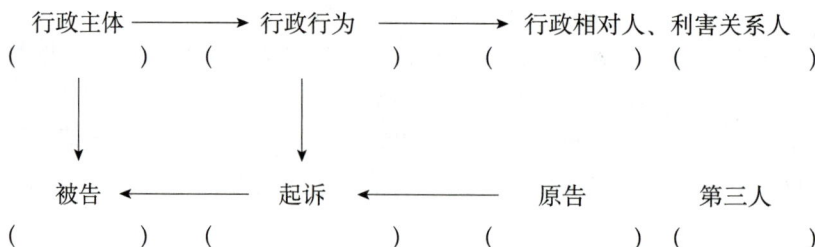

```
行政主体 ───────→ 行政行为 ───────→ 行政相对人、利害关系人
（      ）  （          ）  （              ）（          ）
   │              │
   ↓              ↓
 被告  ←────────  起诉  ←────────  原告        第三人
（      ）  （          ）  （              ）（          ）
```

二、行政法的体系

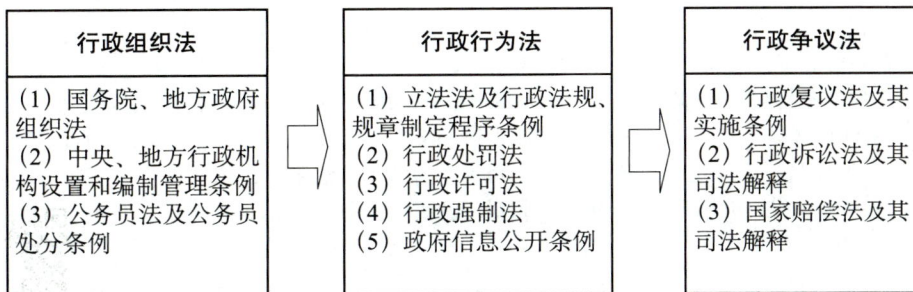

行政组织法	行政行为法	行政争议法
（1）国务院、地方政府组织法 （2）中央、地方行政机构设置和编制管理条例 （3）公务员法及公务员处分条例	（1）立法法及行政法规、规章制定程序条例 （2）行政处罚法 （3）行政许可法 （4）行政强制法 （5）政府信息公开条例	（1）行政复议法及其实施条例 （2）行政诉讼法及其司法解释 （3）国家赔偿法及其司法解释

三、行政法的法源

种类	制定机关	备注
宪法	全国人大	基本原则性规范
法律	全国人大及其常委会	全国人大及其常委会制定一般法律、全国人大制定基本法律
经济特区法规	经济特区所在省、市的人大及其常委会	根据全国人大授权制定，效力相当于法律，变通规定时高于法律
行政法规	国务院	国务院制定条例、规定、办法
地方性法规	省级及地级人大及其常委会	省级含：省、自治区、直辖市的人大及其常委会 地级含：设区的市，自治州，中山市、东莞市、嘉峪关市、儋州市
自治条例 单行条例	自治区、自治州和自治县的人大	民族自治条例、单行条例至少相当于地方性法规效力，对法律作变通规定的具有优于普通法律的效力
部门规章	国务院组成部门、有行政管理职能的直属机构和法律规定的机构	
地方政府规章	省级政府及地级政府制定，地级政府含：设区的市，自治州，中山市、东莞市、嘉峪关市、儋州市的政府	
效力等级	看制定主体：上级高于下级（上位法高于下位法），同级报请裁决（相同效力等级的文件产生冲突报请制定机关的共同上一级机关裁决处理）	

考点二：行政法的基本原则

基本原则	依法行政（具体要求）
合法行政	形式上符合法律规定，属于首要原则，其他原则都是合法行政的延伸，是行政活动区别于民事活动的主要标志
	（1）法律优先（行政活动不得违背现有法律）；（2）法律保留（行政活动应当依照法律的授权进行，没有法律、法规、规章的依据不得作出影响公民权益的决定） 口诀：有法必依法、无法不损益

（续）

基本 原则	依法行政（具体要求）
程序 正当	（1）**行政公开**（保障知情权，分为**不予公开**〈国家秘密、商业秘密和个人隐私〉、**主动公开和依申请公开**）；（2）**公众参与**（工作和决策**听取公众意见**、不利决定前听取**陈述申辩**、其他参与）；（3）**公务回避**；（4）**适用程序合法**（依法听证、依法催告、依法适用简易程序等）。程序违法既违反合法行政原则，也违反程序正当原则 **口诀：开与避合**
权责 统一	（1）**行政效能**（赋予执法手段、保证政令有效）；（2）**行政责任**（行使行政权须依法接受监督，行政违法或不当应承担法律责任，即接受监督、纠错问责） **口诀：给权力、问责任**
合理 行政	调整自由裁量行为（多种合法）而非羁束行为（唯一合法，受合法行政调整），属于实质法治（不滥用）的要求，合理行政以合法行政为前提
	（1）**公平公正**（平等对待行政相对人、相同的行为给予相同的处理）。（2）**考虑相关因素**（考虑的因素符合法律目的）。（3）**符合比例**（行政手段裁量适当、必要、均衡）。①适当：手段须有助于目的的达成；②必要：在有多种手段可供选择时，应选择侵害相对人权益最小的手段；③均衡：即划算，行政手段对相对人权益侵害不得超过行政目的之价值 **口诀：合理比相公，公平公正待，考虑要相关，手段适必均**
高效 便民	（1）**行政效率**（积极履行职责、提高办事效率）；（2）**便利当事人**（简化行政程序，提供优质服务） **口诀：积极高效率，简化优服务**
诚实 守信	（1）**行政信息真实**（提供真实、准确、全面的行政信息）；（2）**保护信赖利益**（存续保护：行政行为赋予的合法权益不得随意更改〈禁止反复无常〉；财产保护：基于公共利益依法定程序更改〈依法变更、废止、撤回〉需要对相对人的损失进行补偿。适用于授益性行政行为） **口诀：不撒谎、不变卦**

（1）合法行政为形式法治（不越权）的要求，合理行政为实质法治（不滥用）的要求；
（2）各项基本原则的内容和子原则的含义均属于选择题考查的重点；
（3）行政法的基本原则是行政法论述题的考点，也是分析行政案件的基本法律思维

专题二　行政组织与公务员

考点三:行政组织概述

概念		(1) **行政组织**:从事行政活动、行使行政权力的组织。包括:行政机关、行政内部机构、法律法规规章授权组织、行政机关委托组织 (2) **行政主体**:享有行政权力,能以自己的名义对外独立行使行政职权,并独立承担相应法律责任的资格(独立执法名义、独立担责身份) (3) 行政组织包含行政主体,行政主体只是行政组织中的一部分(行政组织是机构、行政主体是资格)
行政组织	行政机关	包括中央行政机关和地方行政机关。行政机关一般具有行政主体资格,但有例外: (1) 不是在任何场合下都是行政主体(还可能是民事主体、刑事侦查主体等) (2) 不是所有的行政机关都是行政主体(具有行政管理职权)
	法定授权组织	法律、法规、规章授权执法的非政府组织。 (1) 法定授权组织授权范围内行使权力时具有行政主体资格 (2) 法律、法规、规章方可授权执法,规章以下规范性文件的"授权"视为委托执法
	行政内部机构	(1) 类别:①派出机构:是县级以上政府工作部门在一定行政区域内设立,代表该设立机关管理特定事务的行政机构,如税务所、公安派出所等;②内设机构:行政机关内承担具体管理事务的内部工作机构,司、处、科、队等;③临时组建的机构:行政机关为履行职权需要临时组建的执法机构 (2) 身份:行政内部机构是行政机关的内部组织,一般不具有行政主体资格,使用所属行政机关的行政主体资格;经法律、法规、规章授权在授权范围内行使权力时具有行政主体资格。主要被授权的行政机构:派出所:500 元以下罚款和警告;税务所:2 000 元以下罚款
	行政机关委托组织	(1) 发布文件或签订协议委托执法,一般没有委托对象限制,但行政处罚可委托公共组织,行政许可只委托其他行政机关,行政强制不得委托(代履行除外) (2) 受委托的组织以委托行使权力的行政机关的名义行使行政权力,法律责任由委托机关承担,因此不享有行政主体资格。以委托者的名义、责任归于委托者(类似代理)

考点四：行政机关的分类

<table>
<tr><td rowspan="8">中央行政机关</td><td rowspan="7">国务院</td><td>组成部门
承担基本
职能</td><td>部（自然资源部、退役军人事务部、文化和旅游部等）、委（国家发展改革委、国家民委、国家卫生健康委等）、行（人民银行）、署（审计署）是组成部门</td></tr>
<tr><td>直属机构
主管专项
业务，具
有独立管
理职能</td><td>（1）凡是带"总"字的都是直属机构（国家市场监督管理总局、国家金融总局、海关总署等）；（2）直属机构中也有部分不带"总"字的局、署（国家医疗保障局、国家国际发展合作署、国家统计局、国家信访局、中国证监会等）。注意：参事室、机关事务局不具有对外管理职权，因此不能制定规章</td></tr>
<tr><td>直属特设
机构</td><td>国有资产监督管理委员会</td></tr>
<tr><td>部委管理
的国家局</td><td>主管特定业务，不属于直属机构的国家局为部委管理的国家局，该国家局由国务院组成部门管理。如：国家铁路局（交通运输部）、国家林业和草原局（自然资源部）等</td></tr>
<tr><td>办事机构</td><td>一般称"办公室"，承担国务院交办的事项，包括：国务院港澳事务办公室、国务院研究室等</td></tr>
<tr><td>办公机构</td><td>国务院办公厅</td></tr>
<tr><td>议事协调
机构</td><td>跨部门设立的会议协调性机构，如国家禁毒委、防汛抗旱总指挥部等，没有独立的编制和人员，不设内设机构，议定的事项经国务院同意由各部门按各自职责办理。经国务院同意，特殊或紧急情况下可以规定临时行政措施</td></tr>
<tr><td colspan="2">直属事业
单位</td><td>直属事业单位不是行政机关，经法律授权后具有行政管理职能，依照法律规定可制定规章</td></tr>
<tr><td rowspan="7">地方行政机关</td><td colspan="2">各级地方
人民政府</td><td>省级：省、自治区、直辖市人民政府；地级（市）：设区的市、自治州人民政府；县级：县、不设区的市、区人民政府；乡级：乡、镇人民政府</td></tr>
<tr><td rowspan="4">县级以上
地方政府
的工作部
门</td><td>双重管理</td><td>普通政府工作部门（厅、局、委、办）属于双重管理，既受同级政府领导，又受上级主管部门的指导（领导）、监督</td></tr>
<tr><td>中央垂直
管理</td><td>从中央到地方全部垂直管理，只受上级部门领导，不受同级政府领导、监督。如：人民银行、海关、外汇、税务、国安</td></tr>
<tr><td>省以下垂
直管理</td><td>经国务院批准，省以下的市、县两级行政部门实行垂直管理</td></tr>
<tr><td>行政公署</td><td>省、自治区政府设立，相当于设区的市政府</td></tr>
<tr><td rowspan="2">派出机关</td><td>区公所</td><td>县、自治县政府设立</td></tr>
<tr><td>街道办</td><td>区政府或县级市政设立，相当于乡镇政府</td></tr>
</table>

考点五：行政编制

	政府工作部门的设、减、并、改	工作部门内设机构的设立
国务院	组成部门须经全国人大或常委会决定，其他工作部门调整由国务院编制管理机关提出方案后国务院自主决定 （组成部门人大批，其他部门国务院定）	（1）国务院下属部门司级内设机构的增设由该部门提出方案，国务院编制管理机关审核后，报国务院批准；（2）国务院下属部门的处级内设机构自主决定，报国务院编制管理机关备案 （司长较少部门提，编委审核国务院批，处长遍地自主定，定完编委备个案）
县级以上地方政府	工作部门的设、减、并、改（规格或名称）经上一级人民政府机构编制管理机关审核后报上一级政府批准，设、减、并还需报本级人大常委会备案 （地方政府设部门，上级批完备人常）	县级以上地方政府工作部门内设机构的设、减、并、改（规格或名称）由该工作部门报本级政府编制管理机关批准 （地方部门需内设，编委批准就搞定）
乡政府	没有工作部门，内部机构经县级人民政府机构编制管理机关审核后报县级政府批准，不需备案 （光杆乡镇需内设，上级批准不备案）	
行政区划与派出机关的设立	全国人大批省级（省、自治区、直辖市），国务院批县市署（行政公署），乡镇公所由省（政府）批，城区政府设街办，批准一律找上级（政府）	

编制管理	中央	编制指人员数量和领导职数。编制方案内容包括机构人员定额和结构、机构领导职数和司级内设机构领导职数。议事协调机构不单设编制，不设内设机构。各中央部门编制的增减由国务院批准
	地方	中央统一领导、分级管理（不属于垂直领导）；应考虑财政供养能力，不使用事业编制，议事协调机构不单设编制，其设置由本级政府决定，无须批准。不得要求下级设置对口机构；地方编制总额由省级政府提出后中央编制管理机关审核国务院批准；地方事业编制由省级编制机关报国务院编制管理机关审核后，由省级政府发布。可对本级政府编制总额内进行调整，但跨层级调整需省级编制机关报国务院编制机关审批。应定期评估，作为调整参考
		行政机构之间对职责划分有异议的：（1）协商一致的，报本级政府编制管理机关备案；（2）协商不一致的，应当提请本级政府编制管理机关提出协调意见，由编制管理机关报请本级政府决定 （同级部门争权责，协商一致就搞定，报请编委备个案；协商不成提编委，报请政府做决定）

考点六：公职的取得

<table>
<tr>
<td rowspan="4">公职的取得</td>
<td rowspan="3">普通公务员</td>
<td>考任</td>
<td>（1）一级主任科员以下的职级岗位（底层非领导）；（2）报考条件：中国国籍、年满18周岁和其他条件，判处刑罚、开除公职、开除党籍、列为失信惩戒对象的不予录用；（3）试用期1年（法定），期满不合格取消录用；（4）体检标准由中央公务员主管部门会同卫生行政部门规定；（5）中央、省级公务员主管部门组织招考，必要时省级部门可授权市级部门组织招考；（6）特殊职位经省级公务员部门批准可简化招录程序</td>
</tr>
<tr>
<td>官职</td>
<td>职务：领导有职有权，国家级正职至乡科级副职
职级：非领导有职无权，巡视员、调研员、主任科员设1—4级、科员设1—2级
职务与职级均用于区分职权大小，可以相互转任、兼任（调整：降职、升职、撤职）</td>
</tr>
<tr>
<td>级别</td>
<td>区分待遇，与职务职级对应，可在对应幅度内晋升，共27级（调整：降级、晋级）</td>
</tr>
<tr>
<td colspan="2">聘任制公务员</td>
<td>（1）经省级公务员管理部门批准设置：专业性较强的职位、辅助性职位（保密岗位排除）；（2）1—5年聘任合同，1—12月试用期；（3）可以直接选聘或按公务员考试程序公开招聘；（4）签订合同报同级公务员主管部门备案；（5）可协议工资，按照公务员法和聘用合同管理</td>
</tr>
<tr>
<td colspan="2">机关外兼职</td>
<td>工作需要：经过有关机关批准、只能在非营利性组织中兼职、兼职无报酬</td>
</tr>
</table>

考点七：公职的履行

<table>
<tr>
<td rowspan="8">处分</td>
<td>种类</td>
<td>（1）公务员因违纪违法应当依法承担纪律责任的，给予以下种类的处分：警告（6个月）；记过（12个月）；记大过（18个月）；降级（24个月）；撤职（24个月）；开除（判刑必须开除）。（2）除法律、法规、规章、国务院决定外，一般规范性文件禁止设立或补充规定处分事项</td>
</tr>
<tr>
<td>后果</td>
<td>（1）在受处分期间不得晋升职务和级别，不得晋升工资档次（开除、警告除外）；（2）撤职应降低级别，退休只减待遇</td>
</tr>
<tr>
<td>解除</td>
<td>到期没有新的违纪自动解除处分，解除后（考验期内的限制）晋升工资档次、级别、职务不再受影响，但解除降级、撤职不视为恢复原级别、职务</td>
</tr>
<tr>
<td>调查</td>
<td>（1）立案调查须2人以上，最长12个月；（2）必要时暂停其履行职务；（3）立案调查期间原地不动：不得交流、辞职、出境、退休；（4）不得因申辩加重处分</td>
</tr>
<tr>
<td>减免</td>
<td>主动交代，避免或挽回损失的应当减轻处分；情节轻微，批评教育改正的，可以免予处分</td>
</tr>
<tr>
<td>合并</td>
<td>（1）处分种类不同的执行最重的（择一重）；（2）撤职以下相同处分的，限制加重合并执行，即执行该处分，在一个处分期之上、多个处分期之下确定处分期；（3）在受处分期间受到新的处分的，其处分期为原处分期尚未执行的期限与新处分期限之和（最高48个月）</td>
</tr>
<tr>
<td>免责</td>
<td>发现上级决定命令，有一般错误的，提出意见后执行免责；有明显违法的，应当拒绝执行</td>
</tr>
<tr>
<td>决定</td>
<td>（1）任免公务员的行政机关决定给予处分，监察机关均有权给予政务处分；同一违纪违法行为监察机关已给处分的，行政机关不再重复处分；（2）须书面决定并送达本人，处分决定自作出之日起生效；（3）申诉、复核期间不停止执行</td>
</tr>
</table>

（续）

考核	分平时考核、专项考核和定期考核，定期以平时和专项为基础，一般公务员的定期考核采取年度形式
	定期考核结果：优秀；称职；基本称职（不属于不利人事决定，不能申诉复核）；不称职（属于不利人事决定，一次不称职降低一个职务职级层次任职，连续两次不称职辞退）。降职、免职、辞退不属于处分

考点八：公务员的交流、挂职与回避

交流	轮换岗位、调动工作，包括调任和转任，不含兼职、聘用、培训（属于公务员权利，非义务）、挂职	
	调任	从国企、高校科研院所等非参公事业单位调入机关担任领导职务或四级调研员以上职级
	转任	机关内部的不同职位、不同地区、不同部门之间的职务平级变动
挂职	临时选派到其他单位承担重大工程项目、重点或专项工作，不改变与原单位的人事关系	
回避	任职回避	亲属	一般亲属回避：夫妻、直系血亲、三代以内旁系血亲、近姻亲 （1）不能任相互直接领导的职务；（2）不能担任直属同一领导的职务；（3）不能一方任主要领导，另一方在同一单位从事组织、人事、纪检、监察、审计、财务工作
			不得在其配偶、子女及其配偶经营的企业、营利性组织的行业监管或主管部门担任领导成员（不含内设机构负责人）
		地域	又称原籍回避：担任乡级、县级和设区的市（省以下普通区划）主要领导职务的，不能在家乡所在地任职（乡长、县长、设区市的市长等正职须原籍回避，但民族自治地方除外）
	公务回避		执行公务时涉及与本人或者上列亲属有利害关系的
	离职回避		辞去公职或者退休的（自愿离职），领导成员（不含内设机构负责人）和县处级以上领导职务离职3年内、其他人员2年内，不得到与原工作业务直接相关的营利性组织任职，不得从事与原工作业务直接相关的营利性活动

考点九：公职的退出

辞职	禁止辞去公职	服务年限未满、保密期限未满、须本人履行重要公务未完毕、审计调查未结束	
	公务交接	机关单位有权要求公务员离职前办理公务交接手续	
	辞去领导职务	法定辞职、自愿辞职、引咎辞职、责令辞职	
辞退		应当书面通知本人并告知理由，可获失业保险金	除外：（1）因公致残的；（2）患病负伤在医疗期内的；（3）女性在孕期、产假、哺乳期内的
		（1）年度考核连续两年不称职；（2）不胜任现职又不接受其他安排；（3）机构改革拒绝合理安排；（4）不履行义务，不遵守纪律；（5）旷工连续15日，一年累计30日	
退休	劳动法年龄	任免机关批准提前退休：（1）工作30年；（2）工作20年距退休年龄5年内	

考点十：公务员的权利救济

权利救济	普通公务员	申诉复核	不利的人事处理：处分、辞退、取消录用、降职、不称职、免职、辞职退休不批等	（1）先复核再申诉。知道处理30日内向原机关申请复核，接到复核决定15日内向同级公务员主管部门或上级机关申诉。（2）直接申诉，知道处理后30日内向同级公务员主管部门或上级机关申诉。（3）申诉复核期间不停止处分的执行
	聘任制公务员	履行聘任合同发生争议：60日内可申请人事仲裁（前置）→15日内提起民事诉讼		

2024-1-仿真1（多选）大河区公安局某副科长王某，工作年满30年，王某以此为由申请提前退休，获得批准。下列说法正确的是：

A. 批准机关为王某的任免机关

B. 王某退休后有权享受国家规定的养老金和其他待遇

C. 王某在离职3年内不得到与原工作业务直接相关的企业任职

D. 如申请未获批准，王某可以依法申请行政复议

答案：AB

专题三　抽象行政行为

考点十一：抽象行政行为概述

概念区分	**抽象行政行为**：针对不特定对象，对未来设立具有普遍约束力规则的行为 **具体行政行为**：行政主体就已经发生的事实，针对特定的对象处分权利义务的处理决定
分类	（1）行政立法：行政法规、规章（部门规章、地方政府规章）； （2）一般规范性文件（有普遍约束力的决定、命令） **二者的区别**：制定主体、效力（立法有效，文件参考）、制定程序（立法通过"国家机关令"发布）

考点十二：行政法规的制定程序

立项	（1）国务院有关部门向国务院报请立项→国务院法制机构拟订年度立法工作计划→报党中央、国务院审批后向社会公布； （2）列入计划的项目应当贯彻落实党的路线方针政策和决策部署，适应改革、发展、稳定的需要； （3）国务院年度立法工作计划在执行中可以根据实际情况予以调整
起草	（1）国务院组织→有关部门或由法制机构负责起草，重要的法制机构组织起草，专业性较强的可以委托专家、教学科研单位、社会组织起草。→（2）听取意见、部门协商。应当广泛听取社会公众的意见，可以采取座谈会、论证会、听证会等多种形式。→（3）草案应当向社会公布征求意见，但经国务院决定不公布的除外。→（4）起草部门主要负责人签署送审稿（草案＋相关情况说明），联合起草的达成一致意见后联合报送行政法规送审稿（首长均要签署）
审查	（1）法制机构负责审查。→（2）立法条件不成熟或争议较大的，法制机构可以缓办或退回。→（3）涉及重大利益调整的，应当进行论证咨询，广泛听取有关方面的意见，可以采取座谈会、论证会、听证会等多种形式。→（4）国务院法制机构可以将送审稿向社会公布征求意见。→（5）审查同意的法制机构将草案建议送审，简单的直接传批
决定	（1）决定程序按国务院组织法规定办理，由国务院常务会议审议通过（法制机构或起草部门说明）或由国务院审批通过（简单）。→（2）审议通过后由法制机构形成草案修改稿，报请总理签署国务院令公布，及时在国务院公报、中国政府法制信息网以及全国范围内发行的报纸上刊载

（续）

公布	公布 30 日后施行（紧急的可立即施行），公布 30 日内**国务院办公厅**报全国人大常委会备案
解释	**条文含义**（进一步明确具体含义的、出现新的情况需要明确适用依据的）必须由国务院解释，解释与行政法规具有同等效力，**国务院部门和省级政府**可以提出解释要求；国务院法制机构拟定草案，报国务院同意后，国务院公布或国务院授权有关部门公布
	行政执法中具体应用问题国务院法制机构可以答复（重要的报国务院同意），但只具有指导效力，**国务院法制机构和省级政府法制机构**可提出解释要求
报告	（1）制定政治方面法律的配套行政法规，应当及时报告党中央；（2）制定其他方面重大体制、政策调整的重要行政法规，应当将草案或涉及的重大问题及时报告党中央
调整	国务院可以决定在一定期限内在部分地方暂时调整或暂时停止适用行政法规的部分规定
评估	国务院法制机构或者国务院有关部门，可以组织立法后评估，并把评估结果作为修改、废止有关行政法规的重要参考
修改废止	对不适应全面深化改革和经济社会发展要求、不符合上位法规定的行政法规，应当及时修改或者废止，并及时公布

考点十三：行政规章与一般规范性文件

		制定机关	起草和审查	（审议）决定	公布	备案
部门规章		国务院组成部门、有行政管理职能的直属机构和法律规定的机构	指定下级或委托专家起草。草案送制定机关法制机构审查，审议时法制机构或起草单位可以说明	部务会议或委员会会议决定	公报、中国政府法制信息网、全国性报纸	公布 30 日后施行（紧急可立即施行），30 日内由**法制机构**报请备案
地方规章		省级政府及地级政府（含设区的市，自治州，中山市、东莞市、嘉峪关市、儋州市的政府）		政府常务会议或全体会议决定	公报、中国政府法制信息网、本行政区域内报纸	
（1）起草应当广泛听取有关机关、组织和公民的意见，除依法需要保密的外，应当将规章草案及其说明等向社会公布征求意见。重大利益调整事项又有重大分歧，需要的应当举行听证会。（2）制定机关的法制机构审查送审稿（草案＋说明）认为争议较大或立法条件不成熟的，可以缓办或退回。（3）涉及多个部门职权的事项制定联合规章或行政法规；联合规章须由联合制定的部门首长共同署名公布，使用主办机关的命令序号。（4）名称一般使用"规定""办法"，不能使用"条例"。（5）公民认为规章与上位法冲突可向**国务院**提出审查建议，对地级地方规章还可向省政府提出审查建议。（6）无上位法依据，地方规章（法律、法规依据）和部门规章（法律、行政法规或国务院决定依据）不得对公民限权利、加负担。（7）地级政府规章立法事项只限于城乡建设与管理、生态文明建设、历史文化保护和基层治理；2015 年《立法法》修改前已经立法的继续有效。（8）制定地方性法规条件不成熟，可以由同级政府先制定（临时）地方规章，2 年后政府需报请同级人大或其常委会制定地方性法规。（9）制定政治方面法律的配套规章，应当及时报告党中央或同级党委（党组）。制定重大经济社会改革方面的规章，应当及时报告同级党委（党组）。（10）制定机关可以组织立法后评估，并把评估结果作为修改、废止有关规章的重要参考。不适应全面深化改革和经济社会发展要求、不符合上位法规定的规章，应当及时修改或者废止					
行政规范性文件	（1）可对法律法规规章作出执行细化规定，但不得违背上位法；（2）行政复议可作具体行政行为合法依据，诉讼法院只能参考；（3）但国务院的决定、命令与行政法规具有同等效力，必要时能够设定行政许可					

行政法规与规章易混对比记忆

	规章	行政法规
制定机关	部门规章：国务院组成部门、有行政管理职权的直属机构和直属事业单位 地方规章：省级政府、地级政府	国务院
名称	办法、规定	条例、办法、规定
报请立项	部门规章为制定机关的内设机构或其他机构 地方政府规章为下级政府或本级政府所属部门	国务院有关部门
起草	制定机关指定下一级机构起草或委托专家起草	国务院有关部门或法制机构，重要的应当由国务院法制机构组织起草，也可以委托专家起草
听证	重大利益调整或分歧较大需要进行听证的，起草单位应当听证。起草单位未听证的，法制机构经制定机关批准可以听证	起草单位可以听证，国务院法制机构也可以举行听证会
公布草案	除依法需要保密的外，起草单位应当将草案及其说明等向社会公布征求意见	起草单位应当将草案及其说明等向社会公布征求意见，国务院决定不公布的除外
决定	部门规章由部务会议或委员会会议审议决定 地方政府规章由全体会议或常务会议审议决定	国务院常务会议审议决定或国务院审批
公布	部门规章在国务院公报或部门公报、中国政府法制信息网、全国范围内发行的报纸上 地方政府规章在本级政府公报、中国政府法制信息网、本行政区域范围内发行的报纸上	在国务院公报、中国政府法制信息网、全国范围内发行的报纸上
标准文本	部门规章在部门公报或者国务院公报上刊登的为标准文本 地方政府规章在地方政府公报上刊登的为标准文本	在国务院公报上刊登的行政法规文本为标准文本
备案	由制定机关的法制机构报请备案	由国务院办公厅报请备案
评估	制定机关组织立法评估	国务院部门或法制机构组织立法评估
停止	无调整或停止执行的情况	国务院可以决定调整或停止执行
报告	政治事项报告党中央或同级党委、重大调整报告同级党委	政治事项、重大调整报告党中央

专题四　行政行为概述

扫描右侧二维码"听课＋做题"，直达最佳学习效果

1. 在线听课：学习本章节核心考点讲解课程。

2. 在线刷题：点击🏠进入题库做章节练习。

考点十四：具体行政行为的概念、特征与类别

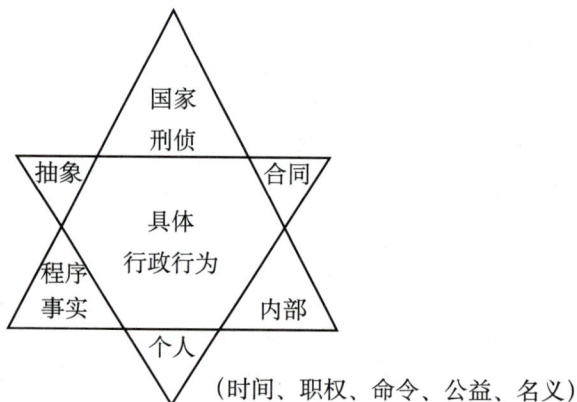

（时间、职权、命令、公益、名义）

具体行政行为		行政主体就已经发生的事实，针对**特定**的对象**处分权利义务**的**处理**决定	行政复议、诉讼或赔偿
非行政	国家行为	行政机关所进行的宪法上的行为，例如国务院、国防部、外交部等以国家的名义实施的有关国防和外交事务的行为	国家赔偿
	刑事侦查	为侦破刑事案件，公安、国家安全、海关等经刑诉法授权所作出的司法行为，不服可以向检察机关申诉。公安、国家安全、海关的职权行为原则上为行政行为，经刑诉法的明确授权则例外属于司法行为	向检察机关申诉
	民事行为	行政机关作为机关法人作出的只具有民法效果行为，具有双方性、对等性和意思自治的特征	民事诉讼或仲裁

（续）

非特定	抽象行政行为	针对**不特定**对象，对未来设立具有普遍约束力规则的行为，分为**行政立法和一般规范性文件**，其中行政立法包括行政法规、部门规章和地方规章	对具体行政行为申请复议或诉讼时，申请附带审查
		特定性：处理"人"或处理"事"，最终影响特定人（可数、明确）的权利义务 （1）就特定事项对特定人的处理 （2）就特定事项对可以确定的一群人的处理 （3）就特定事项对不特定人的处理（如对特定路段时段现场实施的临时交通管制措施属于具体行政行为，但为预防交通拥堵发布的对未来某时段的交通限行通告属于抽象行政行为） 口诀：抽象具体看特定，名称是浮云	
非处分		体现为行政机关对行政相对人作出**产生、变更或消灭权利义务**的意思表示，并产生相应的法律后果	
	行政事实行为	行使行政职权时作出的**不以处分权利义务为目的，也不产生相应的法律效果，仅以事实状态存在**的行为（侵害合法权益的可以申请行政赔偿）	侵害合法权益的申请行政赔偿
		（1）**行政机关各种建议指导**。例如天气预报等行政机关发布的参考信息、安全提示、约谈、指导、劝导（均属建议）；行政指导具有非强制性，不处分权利义务，属于行政事实行为；而以行政决定作出的"责令、要求、命令"等具有强制性的行为处分权利义务，属于具体行政行为 （2）**行政实际操作行为**。如清理交通事故现场，在公共交通道路上设置交通安全指示标志，销毁已经依法没收的假冒产品，保管扣押的车辆，事实证据确认，协助执行法院的裁判（行政自主扩大执行范围或方式除外）等 （3）**与行政机关意思表示无关的行为**。这些行为引起法律效果，但若该法律效果与行政机关的意思表示无关，而是由法律强制规定的，也不属于具体行政行为。比如城管在执法时殴打他人、警察违法使用武器致人伤亡，引起国家赔偿责任的法律效果，但该法律效果纯粹由法律强制规定，与违法使用武器人的意思无任何关联，故该行为属于行政事实行为	
	行政程序性行为	是指行政机关在尚未作出最终处分权利义务的行政决定前，为推动行政程序并最终作出具体行政行为所进行的各种过程、阶段、准备性行为	起诉最终作出的具体行政行为
		作出具体行政行为过程中的各种通知、告知或步骤，比如违法告知书、受理申请通知、听证通知、补正材料的通知、履行义务催告书、告知申辩权、行政许可有关信息的告知公示等	
	其他行为	（1）信访处理行为 （2）申诉中的重复处理行为（维持结论，复议除外）	不得复议、诉讼

（续）

非外部	行政内部行为	行政内部行为是针对行政机关及其工作人员所作出的行政系统内部的处理，不对行政机关以外的相对人产生法律效果的行为	公务员对不利人事决定可申诉、复核救济权利
		（1）对公务员的人事处理决定 （2）行政机关之间不产生外部法律效力的行为（内部沟通、磋商、函件等）	
非单方	行政协议	行政协议是指行政机关为实现行政管理或公共服务的目的，与行政相对人经协商一致达成的能产生行政法上权利义务的合同	对行政主体不履行、单方变更解除不服，可提起行政诉讼
具体行政行为的分类		（1）依职权与依申请（主动与被动） （2）羁束与自由裁量（唯一合法与多种合法） （3）授益与负担（增加利益与减少利益） （4）要式与不要式（规定形式与未规定形式） （5）作为行为与行政不作为（具体行为可起诉，违法损害需赔偿） ①分类：不履行法定职责、超期履行、不予答复（不履行、不按期、不答复） ②构成要件：负有法定职责（依申请的行政行为需当事人申请后才有履行的职责），有履行的条件，没有在法定期限内履行或答复，即有职责、有条件、未履行同时具备 （6）附款行为与不附款行为（附生效条款）	

考点十五：具体行政行为的效力

一、成立与生效

成立要件	（1）享有行政职权的行政机关 （2）内容上有法律效果的明确意思表示 （3）程序上已经送达
生效	符合成立要件即生效，例外：重大明显违法直接无效、附款生效的须满足生效条件
一般效力	（1）拘束力：生效后行政机关不得任意改变、相对人遵守、其他组织和个人尊重。合法或违法的行政行为未经法定程序撤销、变更、废止的均有拘束力 （2）确定力：争议期（起诉期限）后效力确定，合法赋予的利益不得随意收回 （3）执行力：依法强制执行；复议、诉讼不停止执行

二、具体行政行为的法律效力（属于具体行为法律制度的核心因素）

1. 合法有效：复议维持、法院驳回诉讼请求。

（1）证据确凿事实清楚；（2）适用依据正确；（3）符合法定程序；（4）无超越职权；（5）无滥用职权；（6）无明显不当。

2. 无效：重大且明显违法→无拘束力→（自始无效）法院依申请确认。

有多种表现形式，无法完全列举：（1）要求从事将导致犯罪的；（2）明显缺乏法律依据；（3）明显缺乏事实依据；（4）当事人不能完成的；（5）其他重大明显违法等。

3.**违法（可撤销）**：一般违法或明显不当→有拘束力→有救济时效限制，撤销前当事人应受其约束，撤销丧失作出之日起的所有效力。

4.**不成立**：尚未成为一个独立完整的行政行为，没有效力，尚不能救济（未出生）。

5.**不当**：合法但不合理，可以变更为合理。

6.**需废止**：有法律依据已改变、客观情况发生重大变化、行为目的已实现，无须继续存在，（合法报废）因信赖保护可获国家补偿。如主体消灭而废止，丧失废止之后的效力。

考点十六：行政行为的法定类型

种类	含义	救济
行政征收	强制、无偿→财产所有权，如收费、征税等，征收土地房产的应当补偿	行政复议或行政诉讼
行政征用	强制、有偿→财产和劳务使用权。需要对被征用者补偿	行政复议或行政诉讼
行政裁决	行政机关→裁判→特定民事纠纷（消费者侵权纠纷裁决、专利商标侵权纠纷裁决、土地或林权的权属纠纷裁决），具有强制力	行政复议或行政诉讼
行政确认	（1）行政机关→相对人的法律地位、法律关系、法律事实→确定、证明 （2）分为：具体行政行为（确认法律关系：不动产权属登记、婚姻登记、车辆登记、专利商标权确认、工伤认定、消防验收）和行政事实行为（确认事实：交通事故认定书、预售合同备案）的行政确认 （3）行政许可与行政确认的区别：①申请目的：行政确认，申请人的目的是确定法律地位，以获得法定效果；而行政许可，申请人的目的是从事特定活动。②法律后果：相对人不申请行政确认的，不直接适用制裁；未被行政许可而从事的行为将发生违法后果，当事人应当受到法律制裁。不动产初始登记属于许可，不动产其他登记属于确认	确认法律关系的具体行政行为可以申请行政复议或提起行政诉讼
行政许可	行政机关根据公民、法人或者其他组织的申请，经依法审查，准予其从事特定活动的具体行政行为	行政复议或行政诉讼
行政奖励	行政机关→重大贡献的相对人→物质或精神鼓励	行政复议或行政诉讼
行政给付	行政机关→特殊情况（生活困难）的公民→物质权益帮助，包括：支付最低生活保障金、抚恤金、社会保险金等	行政复议或行政诉讼
行政处罚	行政处罚是指行政机关依法对违反行政管理秩序的公民、法人或者其他组织，以减损权益或者增加义务的方式予以惩戒的行为	行政复议或行政诉讼

（续）

种类	含义	救济
行政强制	（1）**行政强制措施**：行政机关为制止违法行为、防止证据损毁、避免危害发生、控制危险扩大等情形，依法对公民的人身或财物实施暂时性控制的行为 （2）**行政强制执行**：行政机关对不履行行政决定的公民、法人或者其他组织，依法强制履行义务的行为	行政复议或行政诉讼
	"责令"易混对比记忆 法考中需要区分的"责令/要求/命令"有三类：一是责令停产停业、责令关闭、责令拆除违法建筑属于行政处罚；二是责令停止或纠正违法行为，按照命题观点属于制止违法行为的行政强制措施；三是责令民事侵权者赔偿属于行政裁决	
行政协议	行政机关为了实现**行政管理**或者**公共服务**目标，与行政相对人协商订立的具有**行政法上权利义务**内容的协议。行政机关享有**优益权**，为维护公共利益可**单方变更、解除**协议	相对人可以提起行政诉讼
指导、调解和仲裁	行政指导是行政机关对相对人的建议，行政调解和行政仲裁是行政机关对行政活动相关的特定民事争议的解决进行劝导，均无强制力	民事诉讼解决民事纠纷

专题五　行政处罚

扫描右侧二维码"听课＋做题"，直达最佳学习效果

1. 在线听课：学习本章节核心考点讲解课程。

2. 在线刷题：点击🏠进入题库做章节练习。

考点十七：行政处罚概述

一、概念与种类

概念	行政处罚是指行政机关依法对违反行政管理秩序的公民、法人或者其他组织，以减损权益或者增加义务的方式予以惩戒的行为				
理论分类	自由罚	行为罚	财产罚	申诫罚	其他处罚
法定种类	行政拘留	暂扣或吊销许可证件；降低资质等级；责令关闭；责令停产停业；限制开展生产经营活动；限制从业	罚款；没收违法所得或非法财物	警告、通报批评	法律、行政法规创设（责令拆违）

二、设定与规定

设定文件	设定权
法律	可以设定所有处罚
行政法规	（1）可以设定除限制人身自由以外的处罚；（2）因法律对违法行为未设处罚而补充设定处罚的，须广泛听取意见并向制定机关、备案机关说明
地方性法规	（1）可以设定除限制人身自由和吊销企业营业执照以外的处罚；（2）因法律、行政法规对违法行为未设处罚而补充设定处罚的，须广泛听取意见并向制定机关、备案机关说明
部门规章	尚未制定法律、行政法规的，可设定警告、通报批评和一定数额罚款（国务院规定上限）
地方规章	尚未制定法律、法规的，可设定警告、通报批评和一定数额罚款（省级人大常委会规定上限）

（1）尚未制定上位法的，行政法规和地方性法规可以按法定权限、种类直接设定处罚；上位法对违法行为未设处罚的，行政法规和地方性法规还可以按法定权限、种类补充设定处罚。（2）尚未制定上位法的事项，规章才能依法定权限、种类直接设定处罚，无权补充设定处罚。（3）上位法对某事项已经设定处罚的，下位法不得再重复设定，但下位法（无层级限制）可以在上位法设定处罚的范围（种类、幅度）内作具体规定，且既不能扩大、也不能缩小调整设定范围。（4）国务院部门、省级政府及有关部门应当定期组织评估行政处罚的实施情况和必要性，对不适当的行政处罚事项及种类、罚款数额等，应当提出修改或者废止的建议

考点十八：行政处罚的实施主体

一般处罚机关	（1）地域管辖：违法行为发生地机关，包括行为实施地与结果发生地。涉及违法实施使用许可的应抄告许可决定机关。（2）管辖争议：两个以上行政机关都有管辖权的，由最先立案的行政机关管辖。对管辖发生争议的应当协商解决，协商不成报请共同的上一级行政机关指定管辖，也可以直接由共同的上一级行政机关指定管辖
相对集中处罚	（1）国务院或省级政府可以决定将处罚权集中到综合执法机关行使，综合执法机关在行政处罚领域具有行政主体资格。（2）中央垂直领导机关的处罚权和限制人身自由的处罚权不得被集中行使，只能由公安机关和法律规定的其他机关实施
下放移交处罚	（1）县级以上地方政府的有权行政机关实施处罚，中央和乡级机关实施处罚须法律、行政法规特别授权。（2）省、自治区、直辖市根据当地实际情况，可以决定将基层管理迫切需要的县级人民政府部门的行政处罚权交由能够有效承接的乡镇人民政府、街道办事处行使，决定应当公布，并定期组织评估
协助与移送	（1）行政机关实施行政处罚可以向有关机关提出协助请求，协助事项属于被请求机关职权范围内的应当依法予以协助。（2）行政处罚实施机关与司法机关之间应当建立案件移送制度，违法行为涉嫌犯罪的，行政机关应当及时将案件移送司法机关，依法追究刑事责任。对依法不需要追究刑事责任或者免予刑事处罚但应当给予行政处罚的，司法机关应当及时将案件移送有关行政机关
法定授权组织	法律、法规授权的具有管理公共事务职能的组织，在法定授权范围内具有处罚权
受委托组织	（1）行政机关可以委托具有管理公共事务职能的组织实施行政处罚，但限制人身自由的处罚只能由公安机关和法律规定的其他机关实施。（2）委托书应当载明委托的具体事项、权限、期限等内容，委托行政机关和受委托组织应当将委托书向社会公布。（3）委托行政机关对受委托组织实施行政处罚的行为应当负责监督，并对该行为的后果承担法律责任。（4）受委托组织中具有执法资格的人员在委托范围内以委托行政机关名义实施行政处罚，不得再委托其他组织或者个人实施行政处罚

考点十九：行政处罚的实施规则

处罚时效	（1）违法行为发生之日起，或连续、继续行为终了之日起2年内未被发现的不再处罚；（2）涉及公民生命健康安全、金融安全且有危害后果的，处罚时效延长至5年；（3）处罚时效法律另有规定的除外（例如治安处罚时效为6个月）
责令改正	行政机关实施行政处罚时，应当责令当事人改正或者限期改正违法行为
违法所得处理	（1）当事人有违法所得，除依法应当退赔的外，应当予以没收。（2）违法所得是指实施违法行为所取得的款项，法律、行政法规、部门规章对违法所得的计算另有规定的，从其规定
一事不再罚	（1）一个行为触犯多项法律，可分别处罚但罚款只能一次；同一个违法行为违反多个法律规范应当给予罚款处罚的，按照罚款数额高的规定处罚。（2）连续行为和继续行为受到行政处罚后就结束了，如果有改正违法行为的机会不改正，而继续实施违法的视作新行为可再罚

（续）

法律适用	（1）从旧兼从轻：实施处罚适用违法行为发生时的规定，作出处罚决定时旧法已被修改或废止且新的规定处罚较轻或者不认为是违法的，适用新的规定。（2）涉外案件：外国人、无国籍人、外国组织在中国领域内有违法行为应当给予行政处罚的适用行政处罚法，法律另有规定的除外
罚刑相抵	同一违法行为受到行政处罚后又受刑事处罚的，已经接受的行政处罚可以折抵刑罚；拘留可以折抵刑期（拘役和有期徒刑），罚款可以折抵罚金，行政机关尚未给予罚款的不再罚款，但没收处罚不能折抵没收刑罚
不予处罚	对违法行为依法不予行政处罚的，行政机关应当对当事人进行教育：（1）不满14周岁未成年人；（2）精神病人、智力残疾人在不能控制自己行为时；（3）当事人有证据足以证明没有主观过错的，法律、行政法规另有规定的，从其规定；（4）违法轻微并及时纠正无危害后果的；（5）初次违法且危害后果轻微并及时改正的
从轻或减轻	（1）14—18周岁未成年人；（2）主动消除或减轻危害后果；（3）受他人胁迫或诱骗（治安处罚为减轻或不予处罚）；（4）主动供述行政机关尚未掌握的违法行为；（5）配合查处违法行为有立功表现；（6）尚未完全丧失辨认或者控制自己行为能力的精神病人、智力残疾人
从快从重	发生重大传染病疫情等突发事件，为了控制、减轻和消除突发事件引起的社会危害，对违反突发事件应对措施的行为依法快速、从重处罚
裁量基准	（1）行政机关可以依法制定行政处罚裁量基准；（2）行政处罚裁量基准应当向社会公布
处罚无效	（1）没有依据或实施主体不具有行政主体资格的；（2）违反法定程序构成重大且明显违法的

考点二十：行政处罚的程序

一、一般规定

一般规定	行政公开	（1）行政处罚的实施机关、立案依据、实施程序和救济渠道等信息应当公示 （2）利用电子技术监控设备收集、固定违法事实的，应当经过法制和技术审核，确保电子技术监控设备符合标准、设置合理、标志明显，设置地点应当向社会公布，未经审核或者经审核不符合要求的不得作为行政处罚的证据 （3）行政机关应当及时告知当事人违法事实，并采取信息化手段或者其他措施，为当事人查询、陈述和申辩提供便利 （4）具有一定社会影响的行政处罚决定应当依法公开。公开的行政处罚决定被依法变更、撤销、确认违法或者确认无效的，行政机关应当在3日内撤回行政处罚决定信息并公开说明理由 （5）行政机关及其工作人员对实施行政处罚过程中知悉的国家秘密、商业秘密或者个人隐私，应当依法予以保密
	告知申辩	（1）作出行政处罚决定之前应当告知当事人拟作出的行政处罚内容及事实、理由、依据，并告知当事人依法享有的陈述、申辩、要求听证等权利 （2）当事人有权进行陈述和申辩，行政机关必须充分听取当事人的意见并应当进行复核，当事人提出的事实、理由或者证据成立的应当采纳 （3）申辩不加重：不得因当事人陈述、申辩而给予更重的处罚 （4）未履行告知、申辩程序的不得作出处罚决定，当事人明确放弃陈述、申辩权利的除外

（续）

一般规定	公务回避	（1）执法人员与案件有直接利害关系或者有其他关系可能影响公正执法的，应当回避 （2）当事人认为执法人员与案件有直接利害关系或者有其他关系可能影响公正执法的，有权申请回避 （3）当事人提出回避申请的，行政机关应当依法审查，由行政机关负责人决定。决定作出之前，不停止调查
	执法主体	（1）行政处罚应当由两名以上具有行政执法资格的人员实施，法律另有规定的除外 （2）执法人员应当文明执法，尊重和保护当事人合法权益
	证据案卷	（1）行政机关必须查明事实，违法事实不清、证据不足的，不得给予行政处罚 （2）以非法手段取得的证据，不得作为认定案件事实的根据 （3）行政机关应当依法以文字、音像等形式，对行政处罚进行全过程记录，归档保存
	期间	行政处罚法中规定的2、3、5、7日（7日以内）为工作日，其余日期为自然日

二、程序分类

简易程序	条件	（1）事实确凿、有法律依据；（2）警告或罚款（公民200元以下、单位3 000元以下，法律另有规定的，从其规定。如：治安处罚200元以下）
	程序	（1）表明身份；（2）告知处罚的理由和依据；（3）听取陈述申辩；（4）当场作出书面决定；（5）当场宣告送达决定书，当事人拒绝签收的应在处罚决定书上注明；（6）当场处罚的应当报所属行政机关备案
普通程序	程序	（1）符合立案标准的应当及时立案，未依法及时立案的给予相关责任人处分 （2）调查检查时应当主动出示执法证件，不出示执法证件的，当事人或有关人员有权拒绝接受调查或检查，询问或者检查应当制作笔录 （3）若证据可能灭失或事后难以取得，经行政机关负责人批准可以对证据先行登记保存7日（强制措施） （4）告知处罚的理由和依据、听取陈述申辩 （5）涉及重大公益的、关系当事人或第三人重大权益而经过听证程序的、疑难复杂涉及多个法律关系的、法律法规规定的其他情形，应对拟作出的处罚进行法制审核，初次从事法制审核的人员应当通过法考取得法律职业资格 （6）报负责人决定，情节复杂或重大违法行为给予处罚由单位负责人集体讨论决定 （7）当面宣告交付决定书，当事人不在场的7日内按民诉程序送达；当事人同意并签订确认书的，可以采用传真、电子邮件等方式将行政处罚决定书等送达当事人 （8）处罚决定书载明处罚的理由、依据、种类、决定机关和日期及复议诉讼等权利救济的途径，必须盖有作出处罚决定的行政机关的印章 （9）行政机关应当自行政处罚案件立案之日起90日内作出行政处罚决定，法律、法规、规章另有规定的从其规定
听证程序	条件	（1）责令关闭；（2）责令停产停业；（3）限制从业；（4）吊销许可证件；（5）降低资质等级；（6）较大数额罚款或没收；（7）法律、法规、规章规定的其他情形（降资闭限业，吊停罚没大）
	程序	告知听证权利→当事人5日内申请→应当举行听证→举行7日前通知事项→公开进行，涉密除外→非案件调查人员担任听证主持人，当事人可申请回避→可以委托代理人→质证→制作听证笔录并由当事人签字→应当根据笔录作出处罚决定。无正当理由拒不出席或未经许可中途退出视为放弃听证权利，行政机关终止听证

续

执行程序	罚缴分离	（1）行政机关决定；（2）国库所有（处罚机关不得截留私分，不得与考核挂钩，除依法应退还、退赔的以外，财政部门不得将罚没收入返还处罚机关）；（3）当事人应自收到处罚决定书 15 日内到银行缴款或通过电子支付缴款，确有经济困难需要延期或者分期缴纳罚款的，经当事人申请和行政机关批准，可以暂缓或分期缴纳
	当场收缴罚款	（1）适用简易程序处 100 元以下罚款（治安处罚为 50 元以下罚款且被处罚人无异议）；（2）适用简易程序不当场收缴事后难以执行的可当场收缴，但当场收缴的罚款应当自收缴之日起 2 日内交至行政机关，行政机关应在 2 日内交至指定银行；（3）在边远、水上或交通不便地区，当事人向银行缴款或通过电子支付确有困难的，经当事人提出可当场收缴，在水上、列车上当场收缴的罚款应自抵岸（到站）起 2 日内交至行政机关，行政机关应在 2 日内交至指定银行；（4）不开具国务院财政部门或省级财政部门专用票据的，当事人有权拒绝缴纳罚款
	强制执行	（1）按日处罚款数额 3% 的执行罚，但执行罚不能超过罚款本身；（2）有强制执行权的行政机关可以直接强制执行；（3）无强制执行权的行政机关申请法院强制执行

考点二十一：治安管理处罚

处罚种类	（1）警告：可以由派出所实施；（2）罚款：500 元以下的可由派出所实施；（3）拘留：15 日以下，合并执行不超过 20 日；（4）吊销公安机关发放的许可证；（5）限期出境或驱逐出境：仅针对外国人
处罚时效	违法行为发生之日起，或连续、继续行为终了之日起 6 个月后不再处罚
一般程序	（1）违法所得应追缴先退还受害人，没有受害人才能收归国库；违禁物品和工具收缴。（2）公安机关对举报、报案应予登记。（3）传唤调查须负责人批准，但现场发现违法行为后可出示证件后口头传唤，但需要告知传唤的理由和依据；传唤后询问不超过 8 小时，复杂可能拘留的不超过 24 小时，应通知家属；询问时应当允许被询问人自行提供书面材料。（4）非法手段获取的证据不得作为处罚的根据，可以扣押相关证据物品，但不得扣押受害人财产。（5）治安管理处罚决定书当场或 2 日内送达被处罚人。有被侵害人的，决定书副本抄送。（6）行政拘留的，由决定的机关送达拘留所执行，应当及时通知被处罚人的家属。在处罚前已经采取强制措施限制人身自由的时间，应当折抵，限制人身自由 1 日，折抵行政拘留 1 日。（7）对于醉酒危害安全的人可以约束至酒醒。（8）检查住所不得少于 2 人，须出示证件和县级以上公安机关开具的检查证明材料。（9）询问笔录交由被询问人核对后签字，并由询问的警察签字（无须加盖公章）
简易程序	警告或罚款 200 元以下可以当场处罚
听证程序	吊销许可证或 2 000 元以上罚款，当事人有权申请听证。公安机关对拘留没有法定听证义务，但可以主动听证，拘留经公安机关主动告知后当事人可以申请听证（未经公安机关告知当事人无权申请）
调解程序	民间纠纷引起的打架斗殴或毁损财物，经调解达成协议的不予处罚，调解不成或不履行调解的给予处罚。对调解不服，只能针对纠纷方提起民事诉讼解决
行政拘留暂缓执行	被处罚人对拘留决定不服起诉或复议，并提供合格保证人（案外人、自由人、本地住、有能力）或按每日拘留缴纳 200 元保证金（撤销拘留或执行拘留均应退还，但暂缓期间逃跑的予以没收），依被处罚人申请可以（没有社会危害性）暂缓执行
违反治安管理行为分类	（1）扰乱公共秩序；（2）危害公共安全；（3）侵犯人身权；（4）侵犯财产权；（5）妨害社会管理

专题六　行政许可

考点二十二：行政许可概述

概念	依申请→审查→批准从事特定行为
特征	（1）相对禁止为前提；（2）依申请；（3）外部性（公务员或下级机关：内部审批）；（4）授益性；（5）全部书面
基本原则	（1）依法许可原则。（2）公开公平公正原则，禁止歧视任何人。（3）便民、程序保障原则。（4）信赖保护原则：①基于正当的合理信赖，不得随意撤销、改变已经生效的许可；②因客观原因（依据修改废止、客观情况发生重大变化），基于公共利益可以依法定程序变更或撤回许可；③依法变更或撤回给相对人造成损失的应当依法予以补偿。（5）禁止随意转让许可（依法律法规规定转让除外）

考点二十三：行政许可的设定

一、行政许可设定的范围（六设四不设）

设定范围	可以设定许可	（1）一般许可：涉及安全事项；（2）特许：有限自然资源的开发配置或特定行业的市场准入；（3）认可：特定职业行业资格、资质；（4）核准：检验、检测、检疫；（5）登记：企业或其他组织设立；（6）法律、行政法规规定的其他事项
	可以不设定许可	简政放权：（1）市场能够自由调节的；（2）行政主体能够事后监督的；（3）相对人能够自主决定的；（4）行业组织能够自律管理的
	设定后停止实施	省级政府对行政法规设定的有关经济事务的许可，认为符合可以不设定许可的标准的，报国务院批准后可在本区域内停止实施

二、行政许可设定与规定

设定权限	设定经常性许可	法律、行政法规、地方性法规
	临时性许可	国务院决定（需长期存在应及时转化为法律、行政法规设定经常许可）
		省级政府规章（一年后需要继续的转化为地方性法规设定经常许可）
	无权设定的许可	部门规章、地级市政府规章、一般规范性文件（国务院决定除外）
	许可设定权相对保留	一般由法律设定，法律授权法规和省级规章补充设定和作具体规定： （1）尚未制定上位法，下位法可以直接设定许可（尚无政策，自定政策）； （2）已经制定上位法但未设定许可，下位法不得补充设定许可（上有政策未设，下级不得自设）； （3）上位法已经设定许可，下位法不得重复设定，但可以对上位法设定的许可作出具体规定（上有政策已设，下可规定对策）
设定权限	地方立法设定限制	地方性法规和省级政府规章（地方立法），不得设定应当由国家统一确定的资格资质，不得设定企业等组织的设立登记及前置性许可（企业名称预先审核）；不得限制其他地区的企业个人到本地区经营，不得限制其他地区的商品进入本地市场
评价	设定后的评价机制	（1）设定机关：应当定期评价→不需要继续的→及时修改废止； （2）实施机关：可以评价，并向设定机关报告意见； （3）相对人：可以向设定机关、实施机关提出意见建议
规定		某事项尚未制定上位法的，下位法按权限可以对该事项设定许可。某事项上位法已经设定许可的，下位法（包括部门规章和地级市规章）可以在上位法设定的范围内对实施该许可作出具体规定，但不得增设许可种类、不得增加许可的条件

考点二十四：行政许可的实施主体

行政许可由行政机关、法定授权组织、受委托的行政机关实施。

实施主体	法律法规授权的组织	受委托行政机关	集中实施（权力可以）	统一办理（程序可以）	联合办理（空间可以）	一个窗口对外（应当）
名义	被授权组织	委托机关	集中机关	各机关以自己名义分别实施		所属行政机关名义
要求	被授权组织以自己名义实施，不得委托	委托内容应公告；并以委托机关名义实施，不得转委托	经国务院批准的省级政府决定	一个机关统一受理、听取其他机关意见后决定	联合、集中办理，但分别决定	机关多个内设机构的审核集中到一个窗口进行

考点二十五：行政许可的一般程序

一、申请、受理、审查与决定

申请人	（1）可以委托代理人申请，但是依法应当亲自到场的除外；（2）可以通过信函和电子方式提交申请书；（3）应当对申请材料实质内容的真实性负责（口诀：委托上网但真实）

（续）

行政机关	（1）应当免费提供申请书格式文本；（2）应当将有关材料、示范文本在办公场所公示；（3）应当采取电子政务方式办理（口诀：免费示范应上网）
申请处理方式（全部书面）	（1）不需要取得许可，即时书面告知不受理；（2）不属本机关职权，即时书面决定不受理，告知正确机关；（3）材料存在可以当场更正的错误，允许当场更正；（4）材料不符合，当场或5日内一次告知补正内容，逾期视为受理；（5）各项符合，应当书面决定受理；（6）受理或不受理均应出具加盖专用印章和注明日期的书面凭证
审查方式	（1）书面审查：能够当场决定的当场；（2）实质审查：核实材料实质内容，由2人以上处理
决定方式	（1）符合条件→书面许可决定；不符合条件→书面不许可决定，说明理由。（2）不得强制要求转让技术。（3）许可证件、加标签、印章。（4）法律、行政法规设定的许可，无地域限制的全国有效。（5）许可收费由法律、行政法规规定，不得私分返还，违法收费应给责任人处分

二、期限（工作日）

决定	（1）当场决定；（2）20日内→本机关负责人批准延10日；（3）法律、法规另有规定的除外；（4）统一、联合、集中办理，45日内→本级政府负责人批准延15日
下级先审查	下级机关审查后报上级机关决定，20日内审查，法律、法规另有规定的除外
办证签章	准予许可，自决定之日10日内颁发许可证或者加标签、加印章
扣除期限	听证、招标、检验等技术性审查时间，不计算在期限内（书面告知）

考点二十六：行政许可的听证

听证条件	作出许可决定前（撤销、撤回、注销许可无须听证）听取意见：（1）依职权：法定事项或行政机关认为涉及重大公共利益；（2）依申请：直接涉及申请人与他人之间重大利益关系的事前告知申请人和利害关系人申请听证的权利，接到通知后5日内申请，行政机关接到申请后20日内组织
听证程序	（1）决定听证日期后应提前7日通知或公告（依职权应当公告，依申请既可以通知也可以公告），公开进行（但涉密除外）；（2）案外人主持，可申请回避；（3）质证：办案人员、申请人、利害关系人就案件事实依据、法律依据质证；（4）听证笔录：核对无误后交由参加人签字生效，须根据笔录作出决定；（5）免费听证，行政机关承担费用

考点二十七：行政许可的监督检查

撤销：违法准予许可的撤销，造成损害予以赔偿。

撤回：基于公共利益的需要合法收回，造成损害予以补偿。

吊销：相对人违法的使用许可（属于行政处罚，但会对许可效力产生处分性）。

注销：撤销、吊销、撤回均是撤掉许可资格，仍需注销其许可证件的效力。

	撤销违法许可（资格）	注销许可	撤回（合法收回）许可
情节	（1）行政机关违法准予许可（可以）：滥用职权；玩忽职守；超越职权；违反程序；授予不具备资格条件者以许可等。（2）申请人违法获得许可（应当）：欺骗、贿赂等。（3）撤销主体：行政机关自己、上级行政机关、法院。（4）撤销无须公告	撤销、撤回、吊销许可；期满未续主体；丧失能力；不可抗力导致无法实施的	（1）许可已生效；（2）公共利益需要；（3）法律、法规、规章修改废止或客观情况发生重大变化
处理	（1）赔偿；（2）相对人有过错不赔偿；（3）若撤销会对公共利益造成重大损害的，不予撤销	许可效力终止	撤回对被许可人造成的财产损失应当予以补偿
变更延续	（1）变更：向许可机关申请，依法定程序变更许可相关事项；（2）延续：有效期届满30日前申请，法律、法规、规章另有规定的除外。被许可人按期申请延续的，许可机关应当在许可证有效期限届满前作出决定，逾期未决定的视为准予延续。未按期申请延续的，许可应予以注销		
直接关系重要安全的事项：（1）申请时隐瞒情况或提供虚假材料，1年内不得再次申请；（2）以欺骗、贿赂等不正当手段取得许可，3年内不得再次申请			

专题七 行政强制

考点二十八：行政强制概述

1. 行政强制措施：是指行政机关在行政管理过程中，为制止违法行为、防止证据损毁、避免危害发生、控制危险扩大等情形，依法对公民的人身自由实施暂时性限制，或者对公民、法人或者其他组织的财物实施暂时性控制的行为。法定种类有：查封、扣押、冻结、责令停止违法、限制人身自由（非拘留）。

$$公共利益 \rightarrow \begin{cases} 预防 \\ 制止 \end{cases} \rightarrow \begin{cases} 财产 \\ 人身 \end{cases} \rightarrow 暂时控制 \rightarrow 后续处理$$

2. 行政强制执行：是指行政机关或者行政机关申请人民法院，对不履行行政决定的公民、法人或者其他组织，依法强制履行义务的行为。

行政决定生效→相对人逾期不履行义务经催告无效→行政机关采取行政强制手段执行命令→迫使相对人履行义务。替代性、不以惩罚为目的。

$$行政强制执行 \begin{cases} 直接执行 \begin{cases} 人身（强制执行拘留） \\ 财产（划拨账户、拍卖抵缴、强制拆除违法建筑等） \end{cases} \\ 间接执行（普遍授权） \begin{cases} \textbf{代履行}：排除妨碍、恢复原状等义务不履行 \\ \textbf{执行罚}：逾期不履行金钱给付义务，加处罚款 \\ \qquad\qquad 或收取滞纳金促使义务人履行 \end{cases} \end{cases}$$

$$直接执行 \begin{cases} \textbf{有法律规定的强制执行权} \rightarrow \textbf{自行强制}：公安（拘留）、国安、税务、海关、 \\ \qquad\qquad\qquad\qquad\qquad\qquad 政府（拆违不拆迁） \\ \textbf{无法律规定的强制执行权} \rightarrow \textbf{申请法院强制}：市场监管、自然资源、环保\textbf{等} \end{cases}$$

注：税务对征税决定强制执行限于"生产、经营者"，税务和海关的处罚在起诉期限届满后既可以自行强制执行、也可以申请法院执行（法院可以受理）。规划违法建筑政府自行强拆，县级以上政府亦可责成有关部门强制拆除。

行政强制措施、行政处罚、行政强制执行的比较

种类	实施主体	适用目的	主要类型	特征
行政强制措施	（1）行政机关；（2）法律、行政法规授权的公共组织；（3）具备资格的行政执法人员；（4）行使集中处罚权的机关；（5）不得委托	制止强制预防强制保障强制	（1）限制人身自由（非拘留）：留置盘问、强制传唤、强制隔离、带离现场、约束、封闭社区、强制治疗、强制戒毒等；（2）查封场所、设施或财物；（3）扣押财物（扣证件：惩罚长期是处罚，调查临时扣是措施）；（4）冻结存款、汇款；（5）其他（责令停止违法）	临时性；非惩罚
行政处罚	（1）行政机关；（2）法律、法规授权的公共组织；（3）行政机关委托的公共组织	对违法行为进行惩罚	行政拘留、暂扣或吊销许可证、降低资质等级、责令关闭、责令停产停业、限制开展生产经营、限制从业、没收违法所得或非法财物、警告、通报批评、责令拆违等	惩罚性；独立性；永久性
行政强制执行	（1）法律授权的行政机关；（2）人民法院；（3）不可委托（代履行除外）	为实现具体行政行为确定的义务	（1）间接强制：代履行、执行罚；（2）直接强制：划拨、拍卖、其他（强制执行拆除、强制执行拘留等）	替代性；从属性

考点二十九：行政强制的设定与规定

设定文件	强制措施	强制执行
法律	法律可以设定行政强制措施	行政强制执行只能由法律设定
行政法规	（1）该事项尚未制定法律；（2）法律授权后可以设定强制措施，但限制人身自由和冻结存款、汇款除外	
地方性法规	尚未制定法律、行政法规，地方性法规可以设定查封和扣押的行政强制措施	
规章、文件	均无权设定行政强制措施	

（1）尚未制定上位法，下位法可以直接设定行政强制措施（尚无政策，自定政策）；
（2）法律未设定强制措施的，行政法规、地方性法规不得补充设定行政强制措施（上有政策未设，下级不得自设）；
（3）法律对强制措施的对象、条件、种类作了规定的，行政法规、地方性法规具体规定时不得作扩大规定（上有政策已设，下可规定对策）

考点三十：行政强制措施的实施程序

一般程序	（1）实施前报告批准（情况紧急，当场实施，24小时报告，补办批准手续）；（2）确定实施人员（2人以上、有执法资格）；（3）现场出示执法身份证件；（4）通知当事人到场并告知权利；（5）听取陈述申辩；（6）制作现场笔录（执法人员和当事人签名，当事人拒签注明原因，当事人不在场的邀请见证人签名）

（续）

特殊程序	**限制人身自由**		（1）当场或事后立即通知家属实施机关、地点和期限；（2）紧急情况，现场实施，返回机关后立即报告并补办手续；（3）不得超过法定期限；（4）目的实现或条件消失后立即解除
	冻结	**主体**	（1）法律明确规定有冻结权的行政机关；（2）法律授权的具有管理公共事务职能的组织；（3）依法申请法院冻结的行政主体
		期限	（1）一般期限：不得超过30日；（2）情况复杂：经机关负责人批准可以延长不得超过30日；（3）法律另有规定的除外
特殊程序	**查封、扣押**	**主体**	（1）法律、法规规定的行政机关；（2）法律、行政法规授权的公共组织
		对象	（1）不得查封、扣押与违法行为无关的场所、设施或者财物；（2）不得查封、扣押个人及其所扶养家属的生活必需品；（3）不得重复查封；（4）制作并当场交付查封、扣押决定书，清单一式二份由行政机关和当事人分别保管
		期限	（1）一般期限：不得超过30日；（2）情况复杂：经机关负责人批准可以延长不得超过30日；（3）法律、行政法规另有规定的除外
		保管处理	（1）保管：行政机关或委托第三人保管，应妥善保管且不得使用，保管、检测费用由行政机关承担；（2）处理：没收、销毁、解除（退还财物、拍卖或变卖价款、变卖造成损失的给予补偿）

考点三十一：行政机关自行强制执行程序

种类	程序规定
催告	（1）书面形式：催告书或限期履行通知书，应载明限期履行的方式、数额、陈述申辩权；（2）例外：立即实施代履行、执行罚；（3）属于程序性行为，不可复议和诉讼
执行情形	（1）中止执行：无履行能力、第三人主张权利、执行导致难以弥补损失且停止不损害公共利益。（2）终止执行：死亡无遗产又无承受人、组织终止无财产、标的灭失、决定被撤销、无履行能力中止满3年。（3）执行回转：财物类强制执行执行中或执行后，行政决定被撤销、变更或执行错误的，应当恢复原状、退还财物或赔偿。（4）执行和解：执行协议不得损害公共利益和他人合法权益。当事人补救的可以减免执行罚，不履行协议的应当恢复强制执行。（5）文明执法：除紧急情况外，不得夜间或者法定节假日执行；不得采取停止居民生活供水、电、热、燃气等方式。（6）拆除违章建筑：先公告限期当事人自拆，在法定期限内既不复议诉讼又不履行的，在当事人起诉期限届满后经催告无效，由行政机关依法强拆
代履行	（1）范围：排除妨碍恢复原状义务（非人身性义务）不履行，经催告无效，已经危害交通安全、污染破坏环境资源。（2）主体：行政机关或委托没有利害关系的第三方。（3）程序：送达代履行决定书——代履行3日前催告当事人履行——经催告不履行的代为履行义务——行政机关应当派人到场监督——行政机关人员、代履行方、当事人或见证人签名或盖章；不得采取暴力、胁迫等非法方式。（4）费用：按合理成本由当事人承担，法律有特别规定的除外。（5）立即实施代履行：清除道路、河道、航道或者公共场所的遗洒物、障碍物等当事人无法清除，无须催告就可立即实施代履行，当事人不在场事后通知并依法处理
金钱给付义务	（1）当事人不履行则必须先采取执行罚，依法加处罚款或滞纳金，但执行罚不超过金钱给付义务本身；（2）执行罚超过30日，经催告不履行义务，有强制执行权的则通过划拨、拍卖等方式强制执行；（3）没有强制执行权的行政机关在当事人起诉期限届满后经催告无效，申请法院强制执行

考点三十二：申请法院强制执行程序

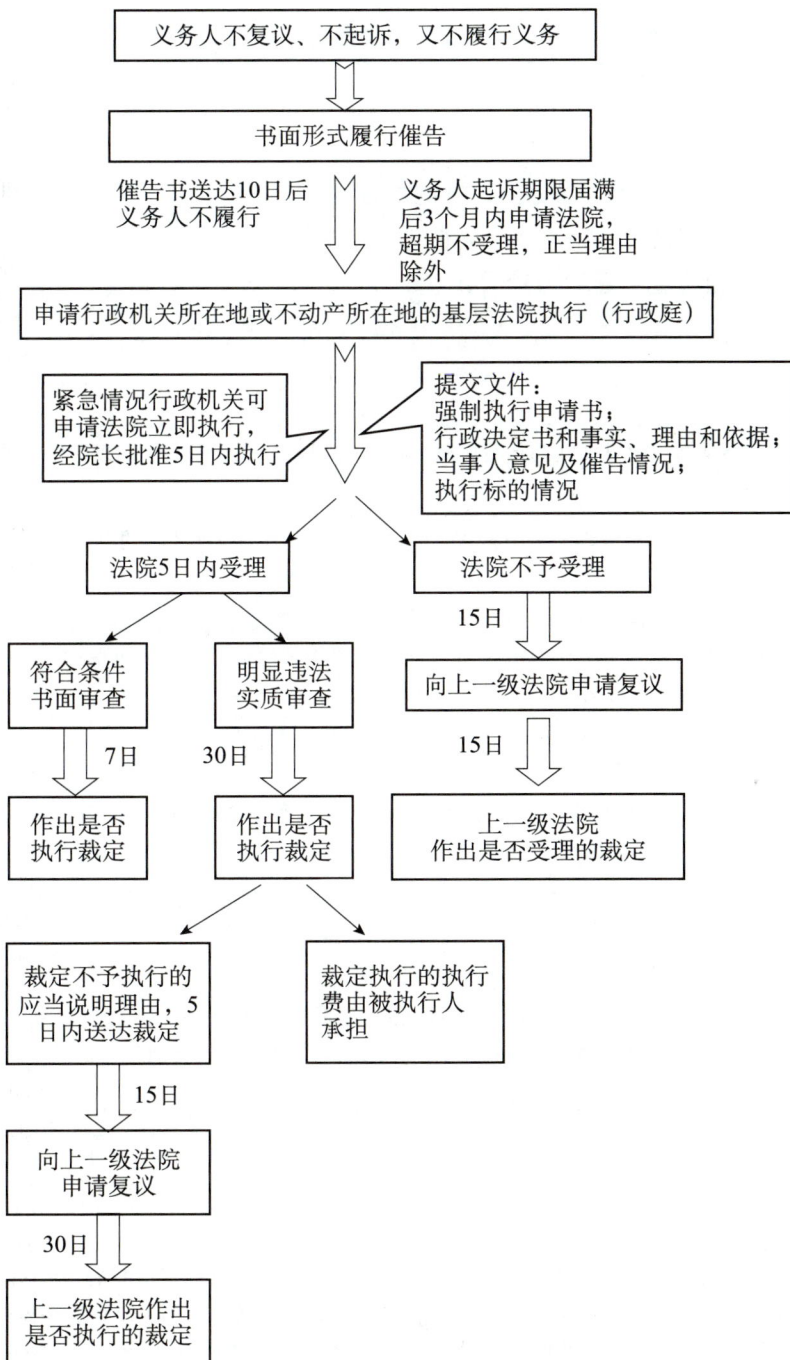

```
┌─────────────────────────────────────┐
│  义务人不复议、不起诉，又不履行义务  │
└─────────────────────────────────────┘
              ⇓
┌─────────────────────────────────────┐
│          书面形式履行催告            │
└─────────────────────────────────────┘
  催告书送达10日后        义务人起诉期限届满
  义务人不履行            后3个月内申请法院，
              ⇓          超期不受理，正当理由
                         除外
┌─────────────────────────────────────┐
│ 申请行政机关所在地或不动产所在地的基层法院执行（行政庭）│
└─────────────────────────────────────┘
  紧急情况行政机关可     提交文件：
  申请法院立即执行，     强制执行申请书；
  经院长批准5日内执行    行政决定书和事实、理由和依据；
                         当事人意见及催告情况；
                         执行标的情况
```

```
┌──────────────┐        ┌──────────────┐
│  法院5日内受理 │        │  法院不予受理 │
└──────────────┘        └──────────────┘
                              15日
┌────────┐ ┌────────┐   ┌──────────────┐
│符合条件 │ │明显违法 │   │向上一级法院申请复议│
│书面审查 │ │实质审查 │   └──────────────┘
└────────┘ └────────┘         15日
   7日      30日         ┌──────────────┐
┌────────┐ ┌────────┐   │   上一级法院  │
│作出是否 │ │作出是否 │   │ 作出是否受理的裁定│
│执行裁定 │ │执行裁定 │   └──────────────┘
└────────┘ └────────┘
```

```
┌──────────────┐   ┌──────────────┐
│裁定不予执行的 │   │裁定执行的执行 │
│应当说明理由，5 │   │费由被执行人  │
│日内送达裁定   │   │承担          │
└──────────────┘   └──────────────┘
      15日
┌──────────────┐
│向上一级法院  │
│申请复议      │
└──────────────┘
      30日
┌──────────────┐
│上一级法院作出 │
│是否执行的裁定 │
└──────────────┘
```

🔍 **注意**　行政裁决的义务当事人在法定期限内不起诉又不履行，裁决的行政机关未在法定期限内申请法院强制执行的，行政裁决的权利人或其继承人、权利承受人在6个月内可以申请法院强制执行行政裁决。

专题八　政府信息公开

考点三十三：公开的范围、方式与程序

概念	政府信息是指行政机关在履行行政管理职能过程中制作或获取的，以一定形式记录、保存的信息
主管部门	国务院办公厅、县级以上地方人民政府办公厅（室）、垂直部门的办公厅（室）是政府信息公开工作的主管部门
公开主体	（1）收集信息由保存机关公开；（2）制作信息由制作机关公开，多机关共同制作由牵头制作的机关公开；（3）从其他行政机关获取信息由最初获取或制作的机关公开；（4）法律、法规有特别规定的除外
原则	以公开为常态，以不公开为例外

不公开	应当不	应根据情势评估调整：（1）国家秘密；（2）法律、行政法规规定不予公开的；（3）公开后可能危及国家安全、公共安全、经济安全或社会稳定的
	应当不＋例外（区分）	涉及商业秘密、个人隐私不得公开，但例外应公开：（1）应书面征求第三方的意见，秘密持有人同意（15 个工作日不提意见的依法决定）；（2）不公开造成公共利益重大损失的
	可以不	（1）人事管理、后勤管理、内部流程等内部事务信息；（2）讨论记录、磋商函、请示报告等过程性信息和行政执法案卷信息，法律、法规、规章另有规定的除外

公开	主动公开	依申请公开
范围	（1）涉及公众利益调整、需要公众广泛知晓或参与的：立法和文件、预算决算、收费项目依据、许可等执法的依据程序结果、强制处罚依据程序和一定影响处罚决定、公务员招考信息和结果等；（2）市县乡政府还应主动公开：征收房屋土地、社会救助等；（3）范围增加：需求大可纳入，申请人可建议	（1）公民、法人或其他组织还可以向国务院部门、地方各级政府及政府部门、被授权的行政内部机构、法定授权组织等行政主体申请获取其制作或保存的相关政府信息。（2）申请人无须与申请公开的信息有利害关系，均有申请资格。（3）申请数量、频次明显超过合理范围，可要求说明理由，理由不合理的告知不予处理，理由合理但无法按期答复的可确定合理延期答复。（超过数次说理由，合理可延期，无理可不理）（4）涉密信息能区分处理的公开不涉密部分

（续）

公开	主动公开	依申请公开
方式与程序	（1）**应当**建立发布机制：通过政府公报、政府网站、新闻发布会以及报刊、广播、电视等方式公开；（2）**应当**在统一的政府信息发布平台公开；（3）政府**应当**在国家档案馆、公共图书馆、政务服务场所设置政府信息查阅场所，并提供主动公开的政府信息；（4）**可以**通过公告栏、电子屏等**其他途径**；（5）形成后 20 个工作日内主动公开；（6）行政机关发现影响社会稳定、扰乱社会管理秩序的虚假或不完整信息，**应当**发布准确的政府信息予以**澄清**	（1）应当采用**书面**形式：申请书、信函、电子数据等，确有困难的可以口头提出，由行政机关代为填写。（2）申请内容不明确应指导释明并 7 个工作日内一次性告知补正的内容和期限，逾期不补正视为放弃，不再处理。（3）**应当**提交有效**身份证件、证明文件**。（4）不能当场答复的，收到申请 20 个工作日内答复，延长不超过 20 个工作日；**收到申请日：当面按提交，邮寄按签收，平信收后按确认，电子按双方确认**。（5）行政机关应当按照**申请人要求的形式和保存情况**确定提供方式，**危及载体安全或成本过高**可采取适当形式。（6）行政机关**不收费**，但申请**数量、频次明显**超过合理范围，**可以**收取信息处理费（超过数次，均可收费）
申请处理	（1）**申请公开**：应公开须公开，不公开说理由，已主动公开告知获取方式，重复申请的不处理，检索没有告知不存在，非本机关职权告知并说理由，法律、行政法规另有规定的告知依规定办理；（2）**申请更正**：应当更正的，有权的更正并告知，无权的**可以**转送后告知**或**告知到有权机关申请；（3）申请信访、投诉、举报的，告知不处理和相应的法定途径；（4）申请分析加工信息的，告知不予提供；（5）申请提供公开出版物的，可以告知获取途径	

行政法中的收费考点总结

事项	具体规定
行政处罚	15 日向银行交罚款（但当场罚 100 元、当场罚款后当场不收事后难执行、向银行交和电子支付交有困难的经当事人申请可以当场收罚款）
行政许可	行政许可不能收费，但是法律、行政法规另有规定的除外。申请书格式文本不得收费，听证不收费
行政强制	强制措施：查封扣押后的保管检测费用由**行政机关**承担
	强制执行：申请法院执行的费用由**被执行人**承担，代履行费用由当事人承担，法律另有规定除外
信息公开	一般不收费，申请数量、频次**明显**超合理范围，可以收取信息**处理费**
行政复议	复议不收费，但当事人申请委托鉴定的，鉴定费用由当事人承担
行政诉讼	行政案件诉讼的受理费由败诉方承担，双方都有责任的由双方分担。行政诉讼证人出庭的费用由败诉方承担。行政附带民诉的案件按行政诉讼法和民事诉讼法规定分别收费

考点三十四：信息公开的监督

年度报告	（1）政府部门应当在每年 1 月 31 日前提交并公布本机关信息公开工作年度报告；（2）县级以上政府信息主管部门每年 3 月 31 日前提交本级政府信息公开工作年度报告
举报	公民、法人或者其他组织认为行政机关不依法履行政府信息公开义务的，**可以向上级行政机关或者政府信息公开工作主管部门投诉、举报**
复议、诉讼	认为行政机关在政府信息公开工作中的**行政行为（行政不作为、公开商业秘密或个人隐私）**侵犯其合法权益的，**可以申请行政复议或者提起行政诉讼**

专题九　行政复议

扫描右侧二维码"听课＋做题"，直达最佳学习效果
1. 在线听课：学习本章节核心考点讲解课程。
2. 在线刷题：点击⌂进入题库做章节练习。

考点三十五：行政复议的受案范围

一、受案范围

直接申请	行政行为的合法性、合理性侵犯合法权益的： （1）具体行政行为 （2）行政协议 （3）行政赔偿决定
申请附带审查部分抽象行政行为	对行政行为不服，可以要求一并审查行政行为依据的一般规范性文件；但不能直接针对抽象行政行为申请复议。知道依据文件的在申请时提出，审理时知道的在决定前提出
	申请附带审查的对象限于行政机关制定的一般规范性文件，不可以申请附带审查行政法规、部门规章、地方政府规章、国务院的决定、规定

二、诉讼与复议的关系

复议/诉讼自由选择		（1）选复议后对复议决定不服还可向法院起诉 （2）选诉讼则法院判决后不得再复议（司法最终）
复议前置	复议法一般规定	（1）对当场作出的行政处罚决定不服 （2）资源确权。对行政机关作出的侵犯其已经依法取得的自然资源的所有权或者使用权的决定不服（裁决、确权处理决定或发证的方式确认争议自然资源所有权或使用权，排除初次申请权属登记的许可、处罚、强制等） （3）认为行政机关未履行法定职责 （4）申请政府信息公开，行政机关不予公开
	法律、行政法规特别规定	（1）纳税争议。对征税决定确定的纳税主体、范围、数额、方式、比例不服：谁来交、交多少、怎么交的争议。对反倾销税的征收、处罚、强制措施和强制执行不服，不属于纳税争议，可以直接起诉 （2）反垄断决定。对经营者限制集中或不予限制集中的决定
复议、诉讼任选一种		对省级政府或国务院部门（省部级单位）的自审复议决定仍不服，可以申请国务院作出复议最终裁决或向法院起诉
复议终局		出入境管理对外国人限制人身自由

（续）

申请行政复议后已经依法受理的，在行政复议期间不得向法院提起行政诉讼。向法院提起行政诉讼已经依法受理的，不得申请行政复议

考点三十六：行政复议参加人

申请人	与行政行为有法律上利害关系的人：行政相对人或利害关系人
	（1）公民死亡→近亲属；组织终止→继承权利义务的人（中止复议等待继受人，60日无法继受复议终止）
	（2）申请人为5人以上的，应推选1—5名代表参加复议
	（3）申请人为无民事行为能力人或者限制民事行为能力人的，其法定代理人可以代为申请行政复议
被申请人	作出行政行为的行政主体：行政机关、派出机关、被授权组织
	对多个行政机关的共同行政行为申请复议的，应以多个行政机关为共同被申请人
	行政机关被撤销或者职权变更的，继承权力的行政机关为被申请人
	对受委托组织作出的行政行为申请复议的，以委托的行政机关为被申请人
	上级批准的告上级（经批准作出的行政行为：复议告上级、诉讼看名义）
	行政内部机构的行为： （1）未经法律、法规、规章授权，对外以自己名义作出行政行为的，以所属的行政机关为被申请人 （2）经过法律、法规、规章授权，对外以自己名义作出行政行为的，该行政内部机构为被申请人 （罚款告所、拘留告局）
第三人	其他与案件有利害关系的人。复议中的第三人为申请人型第三人，可以申请或由复议机构通知其参加复议，第三人不参加不影响复议案件的审理。不参加复议的利害关系人对复议决定不服可向法院起诉

考点三十七：行政复议机关（管辖）

类型	被申请人	复议机关	具体情况
县级以上地方政府管辖	省级以下地方政府	上一级人民政府	行政公署参照市政府权限管辖案件
	地方政府双重领导的工作部门	本级人民政府	限于地方政府工作部门，国务院部门除外
	政府派出机关	设立该派出机关的政府	包括行政公署、区公所、街道办事处
	部门派出机构	主管部门所属的本级政府	如是垂直领导部门的派出机构作为被申请人，则复议机关仅包括其所属主管部门
	地方管理的被授权组织	管理该组织的机关的本级政府	包括地方政府及其工作部门管理的法律、法规、规章授权的组织

（续）

类型	被申请人	复议机关	具体情况
国务院部门管辖	国务院部门的派出机构	派出该机构的国务院部门	对国务院部门的派出机构依照法律、行政法规、部门规章规定，以派出机构的名义作出的行政行为不服
	中央部门管理的被授权组织	管理该组织的国务院部门	被授权的国务院直属事业单位以部门论
垂直机关管辖	中央垂直领导机关	上一级主管部门	人民银行、海关、外汇与税务、国安
自我管辖	省部级单位	原机关自己	（1）对复议决定不服起诉或申请国务院裁决，国务院的裁决为终局裁决 （2）涉及多个国务院部门的，可向任何一个申请后共同复议
选择管辖	县级以上地方政府司法行政部门	本级政府或上一级司法行政部门	履行复议机构职责的地方政府司法行政部门（司法局、司法厅）
	直辖市、设区的市政府部门按行政区划设立的派出机构	主管部门所属的本级政府或其所在地的政府	例如：直辖市、设区的市××局按照行政区划设立的××区分局

🔍 **注意** 复议机关为审理案件的机关，复议机关负责具体办理复议案件的法制机构称为复议机构。国务院复议机构为司法部，可以发布行政复议指导性案例。

考点三十八：行政复议的申请、受理与审理

一、申请程序

申请程序	期限	知道或者应当知道行政行为（签收法律文书或当场作出）之日起60日内申请复议。特别法律规定超过60日的依照其规定（少于60日的特别法律规定无效，仍按60日计算）
		未告知申请复议权利、复议机关和申请期限的，申请期限自知道或者应当知道申请复议权利、复议机关和申请期限之日起计算，但是自知道或者应当知道行政行为内容之日起最长不得超过1年
		不知道行政行为内容的自知道或者应当知道之日起计算申请期限，因不动产提出的复议申请自行政行为作出之日起不超过20年，其他复议申请自行政行为作出之日起不超过5年
		因不可抗力或者其他正当理由耽误法定申请期限的，申请期限自障碍消除之日起继续计算
	方式	申请人申请行政复议，可以书面申请，也可以口头申请： （1）书面申请：可以通过邮寄、复议机关指定的互联网渠道或当面提交复议申请书。行政机关通过互联网渠道送达行政行为决定书的，应当同时提供提交复议申请书的互联网渠道 （2）口头申请：行政复议机关应当当场记录申请人的基本情况、行政复议请求、申请行政复议的主要事实、理由和时间 （3）申请人对两个以上行政行为不服的，应当分别申请行政复议
委托代理		（1）申请人、第三人可委托1—2名代理人 （2）应当向复议机构提交授权委托书、委托人及被委托人的身份证明文件，授权委托书应当载明委托事项、权限和期限 （3）申请人、第三人变更或解除代理人权限的，应当书面告知复议机构

二、受理程序

受理程序	受理	（1）符合受理条件的，依法予以受理 （2）复议申请的审查期限届满，复议机关未作出不予受理决定的，审查期限届满之日起视为受理 （3）复议机关受理复议申请，不得向申请人收取任何费用
	补正材料	（1）复议申请材料不齐全或表述不清楚，无法判断复议申请是否符合受理条件的，复议机关应当自收到申请之日起5日内书面通知申请人补正。补正通知应当一次性载明需要补正的事项 （2）申请人应当自收到补正通知之日起10日内提交补正材料。有正当理由不能按期补正的，复议机关可以延长合理的补正期限。无正当理由逾期不补正的，视为申请人放弃行政复议申请，并记录在案
	不予受理	（1）对不符合复议申请条件的，复议机关应当在审查期限内决定不予受理并说明理由 （2）不属于本机关管辖的，还应当在不予受理决定中告知申请人有管辖权的复议机关
	特殊程序	（1）对当场作出或依据电子技术监控设备记录的违法事实作出的行政处罚决定不服申请复议的，可以通过作出行政处罚决定的行政机关提交复议申请 （2）作出处罚决定的行政机关收到复议申请后应当及时处理，认为需要维持行政处罚决定的，应当自收到行政复议申请之日起5日内转送复议机关
	监督	（1）复议机关无正当理由不予受理、驳回申请或者受理后超过复议期限不作答复的，申请人有权向上级行政机关反映，上级行政机关应当责令其纠正；必要时，上级复议机关可以直接受理 （2）上级复议机关根据需要，可以审理下级复议机关管辖的复议案件。下级复议机关对其管辖的复议案件，认为需要由上级复议机关审理的，可以报请上级复议机关决定 （3）复议机关无正当理由中止复议的，上级行政机关应当责令其恢复审理

三、审理程序

普通程序	审理方式	（1）复议机构**应当当面或通过互联网、电话等方式听取当事人的意见**，并将听取的意见**记录在案** （2）**因当事人原因**不能听取意见的，**可以书面审理**
	听证	（1）审理重大、复杂、疑难案件，复议机构应当组织听证；复议机构认为有必要听证或申请人请求听证的，可以组织听证 （2）复议机构应当于举行听证的5日前将听证的时间、地点和拟听证事项书面通知当事人。申请人无正当理由拒不参加听证的，视为放弃听证权利 （3）被申请人的负责人应当参加听证。**不能参加的，应当说明理由并委托相应的工作人员参加听证** （4）听证由1名复议人员任**主持人**，2名以上复议人员任**听证员**，1名**记录员**制作听证笔录
	咨询	**县级以上各级政府**应当建立**行政复议委员会**。审理复议案件涉及下列情形之一的，复议机构应当提请行政复议委员会提出**咨询意见**：（1）案情重大、疑难、复杂；（2）专业性、技术性较强；（3）省级政府的自审复议案件；（4）复议机构认为有必要
简易程序	适用范围	复议机关审理下列复议案件，认为事实清楚、权利义务关系明确、争议不大的，可以适用简易程序：（1）被申请复议的行政行为是**当场作出**；（2）被申请复议的行政行为是**警告或通报批评**；（3）案件涉及款额**3 000元以下**；（4）属于政府**信息公开**案件；（5）当事人**各方同意**的
	程序规定	（1）复议机构应当自受理复议申请之日起**3日内**，将复议申请书副本或复议申请笔录复印件发送被申请人。被申请人应当自收到复议申请书副本或复议申请笔录复印件之日起**5日内**，提出书面答复，并提交作出行政行为的证据、依据和其他有关材料 （2）适用简易程序审理的复议案件，**可以书面审理** （3）适用简易程序审理的复议案件，复议机构认为不宜适用简易程序的，经**复议机构的负责人**批准，可以**转为普通程序**审理
办案人员		（1）复议机构应当指定复议人员负责办理复议案件，由**2名以上复议人员参加** （2）调查取证时，复议人员**不得少于2人**，并应当出示复议工作证件 （3）**初次从事**复议工作的人员，应当通过国家统一法律职业资格考试取得法律职业资格，并参加统一职前培训
审理依据		复议机关依照**法律、法规、规章**审理复议案件，审理民族自治地方的复议案件同时依照该民族自治地方的**自治条例和单行条例**
停止执行		复议期间行政行为原则上不停止执行（行政行为的执行力），但以下情形需停止执行：（1）被申请人认为需要；（2）行政复议机关认为需要；（3）申请人、第三人申请停止，行政复议机关决定；（4）法律、法规、规章规定停止。如拘留暂缓执行等

🔍 **注意** 复议10日以内为工作日，处罚7日以内为工作日，强制10日以内为工作日，许可、公开均为工作日，行政诉讼均为自然日。

四、证据制度

证据制度	（1）**被申请人对其作出的行政行为的合法性、适当性举证**：复议机关自复议申请受理之日起7日内将复议申请书副本或复议申请笔录复印件发送被申请人；被申请人自收到之日起10日内提出书面答复，并**提交作出行政行为的证据、依据和其他有关材料，不得申请延期提供。** 如**不按期提交则视为没有证据、依据，** 但是第三人为维护合法权益提供证据的除外 （2）**申请人举证的特殊情形：** ①认为被申请人**不履行法定职责的，提供曾经要求被申请人履行法定职责的证据，** 但是被申请人应当依职权主动履行法定职责或申请人因正当理由不能提供的除外；②提出行政**赔偿请求的，** 提供受行政行为侵害而**造成损害的证据，** 但是因被申请人原因导致申请人无法举证的，由被申请人承担举证责任；③法律、法规规定需要申请人提供证据的其他情形
	（1）复议期间，**被申请人不得自行**向申请人和其他有关单位或者个人**收集证据，** 自行收集的证据不作为认定行政行为合法性、适当性的依据 （2）复议期间，**申请人或者第三人提出被申请复议的行政行为作出时没有提出的理由或者证据的，经复议机构同意，** 被申请人**可以补充证据**
	当事人可自行委托鉴定，也可申请复议机关委托鉴定，费用由当事人承担，时间不计算在审理期限内
	复议期间，申请人、第三人及其委托代理人可按规定**查阅、复制**被申请人提出的书面答复、作出行政行为的证据、依据和其他有关材料，**除涉及国家秘密、商业秘密、个人隐私或者可能危及国家安全、公共安全、社会稳定的情形外，** 复议机构**应当同意**

五、附带审查程序

附带审查程序	审查类型	**依申请审查：** 仅限于行政规范性文件，复议机关有权处理的限30日内依法处理，无权处理的应在7日内转送**有权行政机关**依法处理
		依职权审查： 不限于行政规范性文件，复议机关有权处理的，应当在30日内依法处理；无权处理的，应当在7日内转送**有权国家机关**依法处理
	处理方式	**复议机关有权处理的：** （1）行政复议机构应当自行政复议中止之日起3日内，**书面通知**制定机关就相关条款的合法性**提出书面答复；** （2）制定机关应当自收到书面通知之日起10日内**提交书面答复及相关材料。** 复议机构认为必要时，**可以要求制定机关当面说明理由，** 制定机关应当配合；（3）相关条款**合法的，在复议决定书中一并告知；** 相关条款**不合法的，决定停止**该条款的**执行**并**责令**制定机关予以**纠正**
		复议机关无权处理的： 转送有权机关处理，接受转送的行政机关、国家机关应当自收到转送之日起60日内，将处理意见回复转送的复议机关

六、决定程序

审理期限	60日内作出行政复议决定，但是法律规定的复议期限**少于**60日的除外。复杂案件经复议机构负责人批准**延长申请期限不超过**30日，现场勘验所用时间不计入复议审理期限

（续）

程序规定	（1）**复议机构**对行政行为**进行审查并提出意见**，经复议机关的负责人同意或者集体讨论通过后，以**复议机关的名义**作出复议决定 （2）**经过听证**的复议案件，复议机关应当**根据听证笔录、审查认定的事实和证据**，依法作出复议决定 （3）提请复议委员会提出咨询意见的复议案件，复议机关**应当将咨询意见**作为作出复议决定的**重要参考依据** （4）复议机关发现被申请人或其他下级行政机关的**有关行政行为违法或不当的**，可以向其制发**复议意见书**，有关机关应自收到之日起 60 日内通报纠正情况 （5）复议机关根据被申请复议的**行政行为的公开情况**，按照国家有关规定**将复议决定书向社会公开**。县级以上地方各级政府办理以**本级政府工作部门**为被申请人的复议案件，应当将发生法律效力的复议决定书、意见书同时**抄告被申请人的上一级主管部门**

考点三十九：复议的结案与执行

一、结案方式

结案方式	基本含义	适用条件
调解	**复议案件均可以调解**；复议机关主持，表现为制作复议调解书结案	（1）当事人经调解达成协议的，复议机关**应当制作复议调解书**，经各方当事人签字或签章，并加盖复议机关印章，**即具有法律效力** （2）调解未达成协议或调解书生效前一方反悔的，复议机关应当依法审查或及时作出复议决定
和解	当事人自愿达成和解；复议机关同意撤回申请结案	（1）和解内容不得损害国家利益、社会公共利益和他人合法权益，不得违反法律、法规的强制性规定。申请人**经复议机关同意撤回复议申请，案件终止审理** （2）**若撤回复议申请则不得以同一事实和理由再次申请复议**，但是申请人违背真实意愿撤回复议申请的除外
维持决定	被申请的行为完全合法	被申请的行政行为正确无误，可以确定
驳回决定	不支持申请人的请求	不应受理的案件、对不作为的申请不成立
撤销决定	针对作为违法的主要决定	行政行为有下列情形之一的，决定撤销或部分撤销，并可同时责令被申请人限期重新作出：（1）**主要事实不清、证据不足**；（2）**违反法定程序**；（3）**适用的依据不合法**；（4）**超越职权或者滥用职权**
确认决定	抚慰性决定	确认**违法**：不适合撤销或已经无法履行职责 确认**无效**：重大明显违法
变更决定	针对作为错误的改变决定	（1）**内容不适当、主要证据不足、未正确适用依据**的决定变更 （2）**复议变更不得加重损害**，但是**第三人提出相反请求**的除外
履行决定	针对不作为的主要决定	被申请人不作为，履行仍有现实意义

（续）

结案方式	基本含义	适用条件
赔偿决定	如果调解不成或一方反悔，应及时作出赔偿决定	依申请作出：如申请人提出，必须决定赔偿与否 依职权作出：撤销或变更直接针对财物作出的行为
行政协议案件的决定	审理行政协议行为依法决定	（1）不依法订立、不依法履行、未按照约定履行或违法变更、解除行政协议的，决定被申请人承担依法订立、继续履行、采取补救措施或赔偿损失等责任 （2）变更、解除行政协议合法，但是未依法给予补偿或补偿不合理的，决定被申请人依法给予合理补偿

二、执行程序

复议案件的执行	被申请人不履行或无正当理由拖延履行复议决定书、调解书、意见书	复议机关或有关上级行政机关应当责令其限期履行，并可以约谈被申请人的有关负责人或予以通报批评
	申请人、第三人逾期不起诉又不履行复议决定书、调解书或不履行最终裁决的复议决定	（1）维持行政行为的复议决定书，由作出行政行为的行政机关依法强制执行或申请法院强制执行 （2）变更行政行为的复议决定书，由复议机关依法强制执行或申请法院强制执行 （3）复议调解书，由复议机关依法强制执行或申请法院强制执行

2024-1-仿真2（单选）某船舶公司向区政府申请筹建和经营渡口，区政府向当地海事管理机构征求意见，海事管理机构复函认定船舶公司目前不具备筹建和经营渡口的条件，区政府经过勘验、调查、取证后作出了不予许可的决定，船舶公司对不予许可不服，申请复议。下列选项正确的是：

A. 复议机关办理该案可以调解

B. 船舶公司可以通过作出不予许可决定的区政府提交复议申请

C. 复议机构审理该案应当组织听证

D. 船舶公司可以对复函提起行政诉讼

答案：A

专题十 行政诉讼

扫描右侧二维码"听课 + 做题"，直达最佳学习效果

1. 在线听课：学习本章节核心考点讲解课程。
2. 在线刷题：点击进入题库做章节练习。

第一节 行政诉讼的受案范围与管辖

考点四十：行政诉讼的受案范围

概括式	主体标准：行政机关及法律、法规、规章授权的组织	
	行为标准：行政行为、合法性（含明显不当）	
	保护范围：人身权、财产权等合法权益	
正面列举	具体行政行为	（1）行政处罚；（2）行政强制措施和行政强制执行；（3）行政许可；（4）确认自然资源的所有权或者使用权；（5）征收、征用及其补偿决定；（6）行政不作为：申请保护人身权、财产权等合法权益，行政机关拒绝履行或者不予答复的；（7）侵犯经营自主权、农村土地经营权或承包经营权的；（8）滥用行政权力排除或者限制竞争的；（9）违法集资、摊派费用或违法要求履行其他义务的；（10）行政给付：没有依法支付抚恤金、最低生活保障待遇或者社会保险待遇的；（11）认为行政机关侵犯其他人身权、财产权等合法权益的（裁决、确认、检查等）；（12）法律、法规规定的其他行政案件：行政复议决定、信息公开案件（不作为、公开秘密）
	行政协议	不依法履行、未按照约定履行或者违法变更、解除行政协议的（民告官）
反面列举	（1）国家行为；（2）抽象行政行为；（3）内部行政行为（对公务员、机关之间）；（4）法律规定的行政终局裁决；（5）刑事侦查行为；（6）调解、仲裁；（7）行政指导；（8）重复处理；（9）信访行为；（10）协助法院执行，但扩大范围或方式违法除外；（11）程序性行为；（12）对权利义务不产生实际影响的其他行为	

考点四十一：行政诉讼的一般管辖

<table>
<tr>
<td rowspan="5">地域</td>
<td>被告所在地法院管辖（第三位阶）</td>
<td>一般案件</td>
</tr>
<tr>
<td>被告或原告所在地的法院均可管辖（第二位阶）</td>
<td>对限制人身自由的强制措施不服起诉。原告所在地包括户籍地、经常居住地、被限制人身自由地。对行政机关基于同一事实，既采取限制人身自由的强制措施，又采取其他强制措施或行政处罚一并不服的，由被告所在地或者原告所在地的法院一并管辖。必须是被限制人身自由的人提起诉讼才适用特殊管辖</td>
</tr>
<tr>
<td>复议机关所在地或原机关所在地的法院均可管辖（第二位阶）</td>
<td>经过复议的案件（复议维持或改变原决定）</td>
</tr>
<tr>
<td>不动产所在地的法院专属管辖（第一位阶）</td>
<td>行政行为导致不动产物权变动而起诉：权属裁决、不动产登记、征收不动产等</td>
</tr>
<tr>
<td>跨区域管辖</td>
<td>经最高人民法院批准，高级人民法院可以根据审判工作的实际情况，确定若干普通或专门法院跨行政区域管辖行政案件（京批省定）</td>
</tr>
<tr>
<td rowspan="4">级别</td>
<td>中级法院</td>
<td>（1）被告为省部级单位、县级以上政府的；（2）被告为各级海关的案件；（3）国际贸易、反倾销反补贴行政案件；（4）法律规定的案件（证券交易所为被告等）；（5）社会影响重大的共同诉讼案件；（6）涉外或涉及港澳台的案件；（7）其他重大、复杂案件。被告：级别高（省部级和县上府），专业强（海关国贸和证交）；原告：人多大，有涉外</td>
</tr>
<tr>
<td>基层法院</td>
<td>普通一审行政诉讼案件</td>
</tr>
<tr>
<td>复议维持</td>
<td>以原机关和复议机关为共同被告，须以原机关来确定级别管辖（就低不就高）</td>
</tr>
<tr>
<td>复议改变</td>
<td>以复议机关为被告，按照被告复议机关确定级别管辖</td>
</tr>
<tr>
<td colspan="3">如地域管辖和级别管辖一起考查，则按先地域后级别（看类型、看主体）、先特殊后一般的方式确定</td>
</tr>
</table>

考点四十二：行政诉讼的裁定管辖

特殊管辖	移送管辖	法院发现受理的案件不属于本院管辖的，应当移送有管辖权的法院，受移送的法院应当受理。受移送的法院认为受送案件不属于本院管辖，应当报请上级法院指定管辖，不得再自行移送
	移转	上级法院有权审理下级法院管辖的案件，上级管辖的案件不能移转到下级法院（能上不能下）
	选择管辖	两个以上法院都有管辖权的案件，原告向两个以上有管辖权的法院提起诉讼的，由最先立案的法院管辖
	指定管辖	当事人以案件重大复杂直接向上级法院起诉的，上级法院：（1）书面告知向原法院起诉；（2）决定自己审；（3）指定其他下级法院审
		下级法院对其管辖的案件审理困难或法院间就管辖产生争议，认为需要由上级人民法院审理或者指定管辖的，可以报请上级法院：（1）决定由报请的法院审；（2）决定自己审；（3）指定其他下级法院审
	管辖权异议	（1）当事人收到应诉通知后15日内向受诉法院提出，指定管辖不适用管辖权异议；（2）重审一审、再审一审提出和一审未提二审才提出管辖权异议的，不予审查；（3）管辖按初定，受诉法院的管辖权不受当事人住所地改变、追加被告等事实和法律状态变更的影响

第二节　行政诉讼参加人

考点四十三：行政诉讼的原告

<table>
<tr><td rowspan="19">原告</td><td rowspan="4">普通原告</td><td colspan="2">（1）原告资格：行政相对人和与行政行为有利害关系的人（处分权利义务）；
（2）相对人或利害关系人主观认为行政行为侵犯某种合法权益就可起诉，客观上是否确实侵犯其合法权益不影响原告资格，只影响裁判结果；
（3）行政主体只能做被告而不能做原告，行政诉讼不允许反诉；
（4）行政行为生效即产生原告资格，不需要等到强制执行该决定</td></tr>
<tr></tr>
<tr></tr>
<tr></tr>
<tr><td rowspan="15">特殊原告</td><td rowspan="7">利害关系人</td></tr>
</table>

原告	特殊原告	利害关系人	相邻权人	侵害采光、排水、通风、通行等权利皆可起诉
			农地使用权人	农村土地使用权人可以自己的名义起诉（承包土地的村民可以起诉，经过半数同意也可以村委会或村民小组的名义起诉）
			受害人	治安案件的受害人要求行政机关处罚加害人的，受害人认为对加害人的处罚明显不当或不作为不服，可以起诉
			自益投诉人	为维护自身合法权益向行政机关投诉，对具有处理投诉职责的行政机关的处理结论不服
			复议当事人	复议的申请人、第三人均可起诉
			公平竞争人	参与竞争的当事人认为行政行为侵犯公平竞争权皆可起诉
			特殊债权人	债权人以行政机关对债务人所作的行政行为损害债权实现为由提起行政诉讼的，法院应当告知其就民事争议提起民事诉讼，但行政机关作出行政行为时依法应予保护或者应予考虑的除外
		组织的原告资格	合伙	核准登记的合伙企业以字号为原告，未登记个人合伙以全体合伙人为共同原告，推选代表人参加诉讼
			个体工商户	以营业执照上登记的经营者为原告，有字号的以执照登记的字号为原告，并应注明该字号经营者的基本信息
			中外混合企业	中外联营、合资、合作企业有原告资格，其单独的投资人均可因自己利益或企业利益受损以自己的名义起诉
			股份制企业	股东大会、股东会、董事会等认为侵犯企业合法权益的，可以企业的名义起诉
			非国有企业	被行政机关注销、撤销、合并、强令兼并、出售、分立或者改变企业隶属关系的，企业或其法定代表人（含原企业和合并后的新企业）可以起诉
			非营利法人	事业单位、社会团体、基金会、社会服务机构等非营利法人的出资人、设立人认为行政行为损害法人合法权益的，可以自己的名义提起诉讼
			涉及业主共有利益的案件	业主委员会可以自己的名义提起诉讼。业主委员会不起诉的，专有部分占建筑物总面积过半数或者占总户数过半数的业主可以提起诉讼（业主共有业委告，业委不告过半告）
			检察院提起公益诉讼	行政机关违法致使公共利益受到侵害，向行政机关提出检察建议后仍不依法履行职责，检察院可作为原告提起诉讼

续

原告	原告资格转移	（1）公民死亡→近亲属，组织终止→继承权利的组织； （2）中止等待90日无人继受诉讼终止
共同诉讼	条件	当事人一方或者双方为二人以上：（1）因同一行政行为发生的案件为必要共同诉讼，应当合并审理，法院应当通知未起诉的利害关系人参加诉讼（原告或第三人）；（2）因同类行政行为发生的案件为普通共同诉讼，经当事人同意法院可以合并审理
	诉讼代表人	（1）当事人一方10人以上的共同诉讼，由当事人推选代表人（应选2—5人）进行诉讼（过期未选的法院有权指定）；（2）代表人的诉讼行为对其所代表的当事人发生效力，但代表人变更、放弃诉讼请求或承认对方当事人的诉讼请求，应当经被代表的当事人同意

考点四十四：行政诉讼的被告

	行为主体	被告（作出行政行为的行政主体）
一般情况	一般机关	作出行政行为的机关
	派出机关	派出机关
	开发区管理机构及部门	（1）国务院、省级政府批准设立：开发区管理机构及其职能部门各自作被告； （2）其他开发区管理机构及其所属部门的行为，以设立的政府为被告，经授权有行政主体资格的管理机构为被告
	法定授权组织	依照法律、法规、规章授权实施的行政行为，法定授权组织是被告
	受委托组织	委托行使其权力的机关
	不作为案件	有作为义务的机关
	原主体被撤销	告继受职权的主体，没有继受主体的告所属政府，垂直领导告上一级行政机关
特殊情况	行政内部机构	无法律、法规、规章授权：对外以自己的名义实施的行为，以所属行政机关为被告 有法律、法规、规章授权：不越权时告机构；越权行为（幅度越权）告机构；无权行为（种类越权）告所属行政机关（派出所：罚款告所、拘留告局）
	共同行为	共同被告（遗漏但原告不同意追加的，法院依职权追加为第三人）
	伪共同行为	其中的行政主体是被告，非行政主体是第三人
	经批准的行为	对外文书签名盖章的机关（经批准：复议告上级、诉讼看名义）
	拆迁案件	市、县级政府确定的房屋征收部门的房屋征收补偿行为，以房屋征收部门为被告
	经过复议的案件	作出原机关和复议机关是共同被告
	复议维持	（1）维持原行为的处理结果（对原作为维持结果或对原不作为驳回复议请求），但以复议申请不符合受理条件为由驳回复议申请的属于复议不作为； （2）一决定多内容，当事人提出多个复议请求，复议机关部分维持结果、部分改变结果或不受理申请的，按复议维持共同被告； （3）法院应在审查原行为合法性时，一并审查复议决定的合法性； （4）原机关和复议机关对原行为合法性共同承担举证责任，可以由其中一个机关实施举证。复议机关对复议决定的合法性单独承担举证责任

（续）

特殊情况	经过复议的案件	复议改变
		（1）改变原决定是指复议决定改变原行政行为的<u>处理结果</u>，不含改变原行为的事实证据和定性法律依据； （2）包括：撤销、变更结果、责令履行、确认<u>违法或无效</u>（确认程序违法除外）
		复议机关是被告
	复议不作为	不受理、以不符合受理条件为由驳回复议申请、受理后不按期限决定
		复议机关在法定期限（60日）内未作出复议决定，起诉原行为原机关是被告；起诉复议机关不作为的，复议机关是被告
纠错	被告错列	要求原告变更被告，原告不变更裁定驳回起诉
	被告遗漏	通知原告追加，原告不同意追加为第三人。但复议维持的共同被告（必须）案件遗被告的，<u>原告不同意追加，法院应当直接追加漏告的机关为共同被告</u>

考点四十五：行政诉讼的第三人

概念与特征		同提起行政诉讼的<u>行政行为</u>有利害关系或与案件<u>审理结果</u>有利害关系，为了维护自己的合法权益，而申请或由人民法院通知参加行政诉讼的当事人
类型	原告型	同一行政行为涉及两个以上有利害关系的人，一部分有利害关系的人起诉后，没有起诉的其他利害关系人，法院应当通知或自己申请作为第三人参加诉讼
	被告型	原告不同意追加被告的，法院依职权追加遗漏的行政机关为第三人
	证人型	与案件<u>审理结果</u>有利害关系的，可自己申请或由法院通知参加诉讼（债权人、同案不同罚）
上诉权		<u>法院判决第三人承担义务或者减损第三人权益的，第三人有权依法提起上诉或再审</u>

第三节　行政诉讼程序

考点四十六：起诉

起诉	方式		起诉应当向人民法院递交起诉状，<u>并按照被告人数提出副本</u>。书写起诉状确有困难的，<u>可以口头起诉，由人民法院记入笔录，出具注明日期的书面凭证，并告知对方当事人</u>
	起诉期限	作为	内容期限全知道：<u>知道或者应当知道</u>作出行政行为之日起<u>6个月内</u>起诉，<u>法律另有规定</u>除外
			知内容不知期限：未告知起诉期限的从知道或者应当知道起诉期限之日<u>6个月内</u>起诉，但从知道或者应当<u>知道行政行为内容</u>之日起<u>最长不得超过1年</u>
			内容期限全不知：不知道行政行为内容的从知道或者应当知道之日起<u>6个月内</u>起诉，但从行政行为<u>作出之日</u>起计算到实际起诉时间<u>最长不得超过5年</u>（不动产<u>最长20年内</u>）

（续）

起诉	起诉期限	不作为	（1）行政机关在接到申请2个月内不履行，期限届满之日起6个月内起诉；（2）法律、法规对行政机关履行职责的期限另有规定的从其规定；（3）紧急情况请求保护人身、财产等合法权益的无履行期限限制，不履行的可立即起诉
		复议后起诉	复议决定送达之日起15日内向人民法院提起诉讼。复议机关逾期不作决定的，申请人可以在复议期满（60日）之日起15日内向人民法院提起诉讼。法律另有规定除外
		无效	2015年5月1日以后作出的重大明显违法的无效行政行为，不受起诉期限的限制
		期限延长	（1）因不可抗力或其他不属于其自身的原因耽误起诉期限的，被耽误的时间不计算在起诉期限内；（2）其他特殊情况耽误起诉期限的，在障碍消除后10日内，可以申请延长期限，是否准许由法院决定

考点四十七：受理与立案

受理立案	受理登记		符合起诉条件的，应当当场登记立案
			对当场不能判定是否符合起诉条件的，应当接收起诉状，出具注明收到日期的书面凭证，并在7日内决定是否立案
	不立案		不符合起诉条件的，作出不予立案的裁定，裁定书应当载明不予立案的理由
	起诉瑕疵		（1）起诉状内容欠缺或错误，应当指导释明，并一次性告知当事人需要补正的内容。不得未经指导释明即以起诉不符合条件为由不接收起诉状。（2）当事人拒绝补正或经补正仍不符合起诉条件的，退回诉状并记录在册；坚持起诉的，裁定不予立案，并载明不予立案的理由
	救济途径	上诉	裁定不立案：原告对不予立案的裁定不服，可以提起上诉
		投诉	受理瑕疵：对于不接收起诉状、接收起诉状后不出具书面凭证，以及不一次性告知当事人需要补正起诉状内容的，当事人可以向上级法院投诉，上级法院应当责令改正
		越级起诉	受理后不裁定：法院受理后既不立案，又不作出不予立案裁定的，当事人可以向上一级法院起诉。上一级法院认为符合起诉条件的应当立案审理，也可以指定其他下级法院立案审理

考点四十八：第一审程序

一审	诉状交换	立案之日起5日内将起诉状副本发送被告（原告不得再提出新的诉讼请求），被告应当在收到起诉状副本15日内向法院提交作出行政行为的证据、依据的规范性文件和答辩状，法院应当在收到答辩状之日起5日内，将答辩状副本发送原告
	审理时限	应当在立案之日起6个月内作出第一审判决。有特殊情况需要延长的，由高级法院批准，高级法院审理第一审案件需要延长的，由最高法院批准
	放弃陈述	原告或上诉人在庭审中拒绝陈述导致庭审无法进行，经法庭释明法律后果后仍不陈述视为放弃陈述权利，承担不利法律后果

（续）

一审	简易程序	条件	普通一审认为事实清楚（证据一致，无须查证）、权利义务关系明确（能明确区分）、争议不大（合法性和责任承担无实质分歧）的，可以适用简易程序： （1）行政行为是依法当场作出的（简易处罚等符合当场作出的条件）； （2）政府信息公开案件； （3）当事人各方同意的； （4）案件涉及款额 2 000 元以下的
			二审、重审、再审的案件不适用简易程序
		简便通知	可以口头、电话、短信、传真、电子邮件等简便方式传唤、通知、送达裁判文书以外的诉讼文书（简程序不简裁判，与判决相关的程序均不得简化，可以上诉）
		程序规定	（1）审判员一人独任审理，并应当在立案之日起 45 日内审结； （2）举证期限由法院确定，也可以由当事人协商一致并经法院准许，但不得超过 15 日。被告要求书面答辩的，法院可以确定合理的答辩期间
		裁转普通	法院在审理过程中，发现案件不宜适用简易程序的，裁定转为普通程序： （1）应当在审理期限届满前裁定并将相关事项书面通知双方当事人； （2）转为普通程序的审理期限自立案之日起计算（继续计算）

考点四十九：第二审程序

二审	上诉提起	（1）上诉人（未上诉的对方当事人为被上诉人，其他当事人按原审地位列明，均上诉的都是上诉人）适格；（2）法定的判决、裁定（驳回起诉，不予立案，管辖异议）可以上诉；（3）法定上诉期限：判决 15 日，裁定 10 日；（4）上诉状向原审法院提交／二审法院提交→5 日移至原审
	上诉受理	原审法院 5 日内将上诉状副本送达被上诉人→被上诉人 15 日内提交答辩状→原审法院 5 日内连同证据、案卷一并报送二审法院→受理
	审理时限	应当在收到上诉状之日起 3 个月内作出终审判决。有特殊情况需要延长的，由高级法院批准，高级法院审理上诉案件需要延长由最高法院批准
	审理方式	应当组成合议庭，开庭审理。经过阅卷、调查和询问当事人，对没有提出新的事实、证据或者理由，合议庭认为不需要开庭审理的可以不开庭书面审理
	审理对象	一审→被诉行政行为的合法性（民事不审，关联审查未诉行政行为明显违法不认可） 二审→原审法院裁判和行政行为的合法性

考点五十：行政诉讼审理的特殊程序

被告首长出庭	应当出庭	有例外	被告负责人应当出庭应诉，不能出庭的应当委托行政机关相应的工作人员出庭，不得仅委托律师出庭；负责人出庭应诉可另行委托 1—2 名代理人
		无例外	涉及重大公共利益、社会高度关注或可能引发群体性事件或法院书面建议负责人出庭的应当出庭
	负责人出庭应诉的，应当在案件基本情况部分予以列明		

（续）

被告首长出庭	违规处理	拒绝说明理由	负责人有正当理由不能出庭的，行政机关应当向法院提交情况说明，并加盖机关印章或由该机关主要负责人签字认可。拒绝说明理由的不影响审判，法院可以向监察机关、上一级行政机关提出司法建议
		出庭违规	负责人和工作人员均不出庭仅委托律师出庭的或法院书面建议行政负责人出庭后不出庭应诉的，法院应记录在案和在裁判文书中载明，并可以建议有关机关依法作出处理
审判公开	审理		（1）原则上公开审理行政案件，但涉及国家秘密、个人隐私和法律另有规定的应当不公开；（2）其他案件（如商业秘密）当事人申请不公开审理的，可以不公开审理
	宣判		（1）公开审理和不公开审理的案件，一律公开宣告判决。（2）当庭宣判的，应当在10日内发送判决书；定期宣判的，宣判后立即发给判决书。（3）宣告判决时，必须告知当事人上诉权利、上诉期限和上诉的法院
	裁判文书		法院应当公开发生法律效力的判决书、裁定书，供公众查阅，但涉及国家秘密、商业秘密和个人隐私的内容除外
调解	范围		审理行政案件原则上不适用调解。但行政赔偿、补偿以及行使法定自由裁量权的案件（罚款、拘留、行政协议）可以调解。羁束性行政行为不得调解（征税、不予赔偿）
	程序		（1）调解应遵循自愿、合法原则，不得损害国家利益、社会公共利益和他人合法权益。（2）调解过程不公开，但当事人同意公开的除外。调解协议内容不公开，但为保护国家利益、社会公共利益、他人合法权益，法院认为确有必要公开的除外。（3）当事人自行和解或调解达成协议后，请求法院按照和解协议或者调解协议的内容制作判决书的，法院不予准许

第四节　行政诉讼的特殊制度与规则

考点五十一：证据种类与举证责任

证据种类		书证；物证；视听资料；电子数据；证人证言；当事人的陈述；鉴定意见；勘验笔录、现场笔录（对现场执法情况的客观记录，属于实物证据，原则上双方签名，当事人拒签则注明原因，无须见证人）
举证责任	被告	（1）被告应当在收到起诉状副本15日内向法院提交作出行政行为合法的证据和依据。被告因不可抗力等正当事由不能提供的，经法院准许可延期提供，逾期提供视为没有证据。（2）原告或第三人提出其在行政程序中未提出的理由或证据，经法院准许被告可补充证据。（3）在诉讼过程中，被告及其诉讼代理人不得自行向原告、第三人和证人收集证据

（续）

举证责任	原告	（1）在起诉时证明符合起诉条件。（2）诉依申请的行政不作为，原告应当对提出申请举证，但诉依职权的不作为和原告因正当理由不能提供证据的除外。（3）行政赔偿、补偿请求应当就损害事实举证。因被告原因导致原告无法对损害事实举证的，由被告承担举证责任。当事人的损失因客观原因无法鉴定的，法院应结合当事人主张和在案证据，遵循法官职业道德，运用逻辑推理和生活经验、生活常识等（自由心证），酌情确定赔偿数额。（4）原告主张撤销、解除行政协议的需要对事由举证，对协议履行有异议的由负有履行义务的当事人举证
		提交证据期限：原告、第三人应当在一审开庭前或法院指定的交换证据清单之日提交证据，因正当事由申请延期提供证据的，经法院准许可以在法庭调查中提供
		反驳：可以提供证明行政行为违法的证据。原告提供的证据不成立，不免除被告举证责任
	第三人	被告不提供或者无正当理由逾期提供证据，视为没有相应证据，但被诉行政行为涉及第三人合法权益，第三人提供证据的除外（行政机关怠于举证，第三人可以举证）
	拒绝更正信息	对行政机关拒绝更正政府信息不服向法院起诉的案件，原告与被告同时举证，原告举证信息错误，被告举证拒绝更正合法

考点五十二：提供、调取和保全证据

一、提供证据的要求

书证	（1）原件／复印件；（2）部门保管的盖印章；（3）谈话笔录应签名盖章
物证	（1）原物／复制件；（2）种类物（一部分）
视听资料	（1）原始载体／复制件；（2）注明制作过程；（3）声音资料附文字记录
证人证言	（1）证人基本情况；（2）签名／盖章；（3）日期；（4）附身份证明文件，否则无效
鉴定意见	（1）被告提供的→载明委托事项、相关材料、技术手段、鉴定说明、签名盖章；（2）原告、第三人在举证期限届满前书面申请重新鉴定：被告持有的鉴定意见均可申请，申请对法院委托的鉴定意见重新鉴定（资格、程序、依据、其他经过质证不能作为证据的）
勘验笔录	（1）法院依当事人申请或依职权勘验；（2）勘验人必须出示法院证件并邀请当地基层组织或当事人所在单位派人参加；（3）当事人不到场不影响勘验，应在勘验笔录中说明
现场笔录	（1）对现场执法情况的客观记录，属于实物证据；（2）时间、地点、事件；（3）双方签名，当事人拒签则注明原因，在场其他人可以签名
法院收据	法院收到当事人提供的证据应当出具收据，由经办人员签名或盖章

二、法院调取和保全证据

法院调取	法院要求提供或补充	（1）法院有权要求当事人提供或者补充证据；（2）法院要求行政机关提交证据，行政机关无正当理由拒不提交的，法院可以推定原告或者第三人基于该证据主张的事实成立
	依职权调取	法院有权主动调取证据，但不得为证明行政行为合法调取被告作出行政行为时未收集的证据：（1）国家利益、公共利益或他人合法权益；（2）中止、回避、追加当事人等诉讼程序事项
	依申请调取	原告或者第三人不能自行收集的可以申请法院调取（与待证事实无关联、无意义、无必要的，人民法院不准许）：（1）由国家机关保存而须由人民法院调取的证据；（2）涉及国家秘密、商业秘密和个人隐私的证据；（3）确因客观原因不能自行收集的证据
保全		（1）证据可能灭失／以后难以取得；（2）法院依申请／依职权；（3）诉讼开始前／诉讼中（申请保全须在举证期限届满前以书面形式提出）；（4）法院可以要求当事人提供担保

考点五十三：质证

质证原则	（1）证据应当在法庭上出示，并由当事人互相质证，未经质证的证据不能作为定案依据，但当事人在庭前证据交换过程中没有争议并记录在卷的证据，经审判人员在庭审中说明后，可以直接作为认定案件事实的依据；（2）法院应当按照法定程序，全面、客观地审查核实证据；（3）以非法手段取得的证据，不得作为认定案件事实的根据；（4）对未采纳的证据应当在裁判文书中说明理由
缺席证据	被告无正当理由拒不到庭而缺席判决的，被告提供的证据不能作为定案依据；但当事人在庭前交换证据中没有争议的证据除外
涉密证据	对涉及国家秘密、商业秘密和个人隐私的证据，不得在公开开庭时出示
调取证据	依申请调取的证据由申请人在庭审中出示，并由当事人质证 依职权调取的证据由法庭出示并进行说明，听取当事人意见，但无须质证
二审质证	对当事人依法提供的新证据、对一审认定的证据仍有争议的→应当质证
再审质证	对当事人依法提供的新证据、因证据不足而再审的主要证据→应当质证
无须质证	生效的裁判和仲裁文书确认的事实无须质证
出庭质询	行政执法人员（现场笔录的合法真实／扣押财产的品种数量／检验物品的取样保管／人员身份合法性）

考点五十四：证据的审核认定

（合法性：形式、来源、方式；真实性：原因、环境、原件、证人关系；关联性：逻辑关系）

一、不能作为定案依据

不合法	被告证明在行政程序中依法要求原告或者第三人提供而没有提供，原告或者第三人后来在诉讼程序中提供的证据，法院一般不予采纳
	原告或第三人在一审中无正当事由未提供而在二审中提供的证据，法院不予接纳
不利被告证据	被告及其诉讼代理人在作出具体行为后或者在诉讼程序中自行收集的证据
	被告在行政程序中非法剥夺公民的陈述、申辩或者听证权利所采用的证据
	原告或第三人在诉讼中提供的、被告在行政程序中未作为具体行为依据的证据
复议证据	复议机关在复议程序中依法收集和补充的证据： （1）复议补充证据后维持的，可作为法院认定复议决定和原行政行为合法的依据； （2）复议补充证据后改变的，只能证明复议决定合法，不能用于证明原行为合法

二、证据效力

证据效力	公文书证＞其他书证 法定鉴定部门的鉴定意见＞其他鉴定部门的鉴定意见 法庭主持勘验的勘验笔录＞其他部门主持勘验的勘验笔录 鉴定意见、现场笔录、勘验笔录、经过公证或者登记的书证＞其他书证、视听资料、证人证言
	其他证人证言＞与当事人有亲属、密切关系证人提供的有利证言 出庭作证的证人证言＞未出庭作证的证人证言 注：申请证人出庭须在举证期限届满前提出。在庭审中申请的，法院视情况决定是否准许或延期审理。证人出庭作证的必要费用和误工损失由败诉方承担

考点五十五：撤诉与缺席判决

		被告	原告	法院
被告改变行政行为处理	（1）一审期间、二审期间、再审期间，应告知法院； （2）种类：主动改变、法院建议改变； （3）直接改（主要证据、定性法律依据、结果），视为改（履行职责、补救补偿、裁决案件的裁决机关书面认可和解）		对原行为不撤诉	审理原行为
			对新行为仍不服	审理新行为
			对原行为不撤诉，又对新行为不服	原行为、新行为一起审 对原行为：（1）违法→确认违法；（2）合法→驳回请求
撤诉	申请撤诉	原告申请（自愿、不影响公共利益、第三人同意） 法院可中止审理等待行政机关履行义务后裁定撤诉		法院审查 符合应当裁定准许
	视为申请撤诉	原告经合法传唤，无正当理由拒不到庭		法院审查
		原告未经法庭许可中途退庭		法院审查
		原告未按规定预交案件受理费		不需审查
	裁定撤诉后，原告不得以同一事实和理由重新起诉，但案件受理费除外			

（续）

缺席判决	被告	（1）被告无正当理由经传票传唤拒不到庭，或者未经法庭许可中途退庭的，可以按期开庭或继续审判，根据双方已提交的证据材料审理后依法缺席判决； （2）可以将被告拒不到庭或者中途退庭的情况予以公告，并可以向监察机关或者被告的上一级行政机关提出依法给予其负责人或直接责任人处分的司法建议
	原告	原告申请撤诉法院不予准许后不出庭的，可以按原告缺席判决

2024-1-仿真3（多选）甲向省资源环境厅申请环保评估许可，省资源环境厅未作答复，甲用邮政邮寄的方式向人民法院提交行政诉讼起诉书，要求判决省资源环境厅准予环评许可，诉讼中省资源环境厅向甲颁发许可，甲不撤诉。下列说法不正确的是：

A. 甲的起诉期限为6个月

B. 法院驳回原告的诉讼请求

C. 法院可以以短信方式送达诉讼文书

D. 对于甲的起诉，法院以邮政签收日期为起诉日期

答案：CD

考点五十六：行政附带民诉

附带民诉		许可、登记、征收、征用和行政裁决的案件提起行政诉讼或行政赔偿诉讼
	申请一并	（1）当事人申请一并解决相关民事争议的，受理行政案件的法院可以一并审理。（2）法院发现行政案件已经超过起诉期限，民事案件尚未立案的，告知当事人另行提起民事诉讼；民事案件已经立案的，由原审判组织继续审理。（3）法院决定不予准许附带民诉，可申请原法院复议一次
	告知一并	法院发现民事争议为解决行政争议的基础，当事人没有请求一并审理相关民事争议的：（1）法院应当告知当事人依法申请一并解决民事争议；（2）当事人就民事争议另行提起民诉并已立案的，法院应当中止行政诉讼的审理，民事争议处理期间不计算在行政诉讼审理期限内
	程序	请求一并审理相关民事争议应在一审开庭前提出；有正当理由的，也可在法庭调查中提出
		应当单独立案（行政裁决一并解决民事争议的除外），由同一审判组织审理，按行政案件、民事案件的标准分别收取诉讼费用
		（1）法院一并审理相关民事争议，适用民事法律规范的相关规定，法律另有规定的除外；（2）当事人在调解中对民事权益的处分，不能作为审查被诉行政行为合法性的根据
		法院裁定准许行政诉讼原告撤诉，但对已提起一并审理相关民事争议不撤诉的，法院应继续审理
		分别裁判，可单独上诉：（1）行政争议和民事争议应当分别裁判。（2）当事人仅对行政裁判或民事裁判提出上诉的，未上诉的裁判在上诉期满后生效。一审法院应当将全部案卷一并移送二审法院行政庭审理。二审法院发现未上诉的生效裁判确有错误的，应当依法再审

2024-1-仿真4（单选）甲认为乙侵权，区知识产权局认为不侵权，甲向市知识产权局申请复议，复议维持，甲向法院起诉请求撤销知识产权局的决定，并请求乙停止侵

害。关于本案的审理，下列说法正确的是：

A. 法院应将行政和民事争议一并审理

B. 法院应当分别立案

C. 该案件按行政案件标准收费

D. 法院应将责令侵权人停止侵害单独立案

答案：A

考点五十七：行政诉讼的法律适用

<table>
<tr><td rowspan="5">法
律
适
用</td><td rowspan="4">适用
规则</td><td>依据</td><td>法律、行政法规（2000 年以前，国务院批准、中央部委令公布的规范也属于行政法规）、地方性法规、民族条例作为审判的依据予以适用</td></tr>
<tr><td>参照</td><td>依职权审查，参照适用合法的规章，若不合法则不予适用</td></tr>
<tr><td>参考</td><td>依申请或依职权审查，对合法的一般规范性文件予以参考，若不合法则不适用</td></tr>
<tr><td>援引</td><td>可援引司法解释作为裁判依据</td></tr>
<tr><td>参照
民诉</td><td colspan="2">关于期间、送达、财产保全、开庭审理、调解、中止诉讼、终结诉讼、简易程序、执行等，以及检察院对案件受理、审理、裁判、执行的监督，《行政诉讼法》没有规定的，适用《民事诉讼法》的相关规定</td></tr>
</table>

考点五十八：抽象行政行为的附带审查

<table>
<tr><td rowspan="8">附
带
审
查
抽
象
行
政
行
为</td><td rowspan="1">范围</td><td colspan="2">（1）认为行政行为所依据行政规范性文件不合法，在对行政行为提起诉讼时，可以请求一并对该规范性文件进行附带审查，不得单独起诉文件；
（2）不得对行政法规、国务院文件和规章申请附带审查</td></tr>
<tr><td rowspan="2">程序</td><td colspan="2">（1）法院审查过程中发现规范性文件可能不合法的，应当听取文件制定机关的意见。制定机关申请出庭陈述意见的，法院应当准许；
（2）行政机关未陈述意见或未提供证明材料，不影响法院对规范性文件审查</td></tr>
<tr><td colspan="2">（1）法院审查文件是否超越权限、违反法定程序、作出行政行为所依据的条款及相关条款等；
（2）条款违法包括：与上位法抵触、无上位法依据作出不利规定或扩大不利规定</td></tr>
<tr><td rowspan="5">处理</td><td>合法</td><td>应当作为认定行政行为合法的依据</td></tr>
<tr><td rowspan="4">不合法</td><td>（1）不适用为认定行政行为合法的依据，并在裁判文书中释明理由；
（2）终审法院应当在判决生效 3 个月内向制定机关提出处理建议，并可以抄送制定机关的同级政府或者上一级行政机关、监察机关以及规范性文件的备案机关（法院无权直接裁判或宣告无效）</td></tr>
<tr><td>接收司法建议的行政机关应当在收到建议之日起 60 日内予以书面答复。情况紧急的，法院可以建议制定机关或其上一级行政机关立即停止执行该规范</td></tr>
<tr><td>法院认为规范性文件不合法的，应当在裁判生效后报送上一级法院进行备案。涉及省部级行政机关的文件，司法建议还应当分别层报最高院、高院备案</td></tr>
</table>

考点五十九：行政公益诉讼

<table>
<tr>
<td rowspan="5">行政公益诉讼</td>
<td colspan="2">环境、食药、国有财产管理等行政违法或者不作为，使公共利益受到侵害，提出检察建议后仍然不改正，检察机关可以提起行政公益诉讼</td>
</tr>
<tr>
<td>管辖</td>
<td>基层检察院提起一审行政公益诉讼，由行政机关所在地基层法院管辖</td>
</tr>
<tr>
<td>诉讼权利</td>
<td>（1）检察院享有当事人诉讼权利，可以向有关行政机关以及其他组织、公民调查收集证据材料；有关行政机关以及其他组织、公民应当配合
（2）检察院不服一审裁判可以向上一级法院上诉，上级检察院可以派员参加二审</td>
</tr>
<tr>
<td>撤诉</td>
<td>在行政公益诉讼案件审理过程中，被告纠正违法行为或者依法履行职责而使检察院的诉讼请求全部实现，检察院撤回起诉法院应当裁定准许；检察院变更请求确认原行政行为违法的，法院应当判决确认违法</td>
</tr>
<tr>
<td>裁判</td>
<td>（1）依照行政诉讼法规定，依法分别判决：驳回、撤销、履行或给付、变更、确认违法
（2）法院可将判决结果告知被诉行政机关所属的政府或其他相关职能部门</td>
</tr>
</table>

第五节　行政案件的裁判与执行

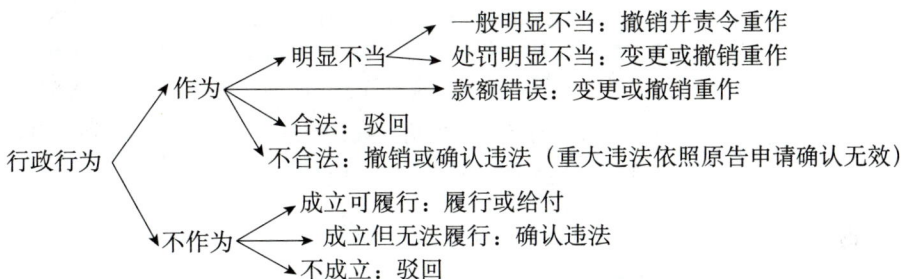

行政行为
- 作为
  - 明显不当
    - 一般明显不当：撤销并责令重作
    - 处罚明显不当：变更或撤销重作
  - 款额错误：变更或撤销重作
  - 合法：驳回
  - 不合法：撤销或确认违法（重大违法依照原告申请确认无效）
- 不作为
  - 成立可履行：履行或给付
  - 成立但无法履行：确认违法
  - 不成立：驳回

考点六十：一审判决

<table>
<tr>
<th colspan="2">裁判类型</th>
<th>基本情况</th>
<th>适用条件</th>
</tr>
<tr>
<td rowspan="2">被告胜诉</td>
<td rowspan="2">应当驳回</td>
<td>行政行为合法</td>
<td>（1）证据确凿，主要事实清楚；（2）适用法律法规正确；（3）程序合法；（4）无超越职权；（5）无滥用职权；（6）无明显不当（结果）</td>
</tr>
<tr>
<td>诉不作为理由不成立</td>
<td>诉行政不作为理由不成立的</td>
</tr>
<tr>
<td rowspan="2">原告胜诉</td>
<td rowspan="2">撤销</td>
<td rowspan="2">行政行为违法或明显不当</td>
<td>（1）主要证据不足；（2）程序违法；（3）适用法律法规错误；（4）超越职权；（5）滥用职权；（6）明显不当的</td>
</tr>
<tr>
<td>如撤销将给公共利益造成一般损失的可以同时责令被告重作：（1）判决被告重作具体行政行为（不能作相同行为，改主要事实/依据/结果/程序）；（2）若被责令重作仍作与原错误行为相同的行为，当事人起诉法院受理后撤销，并提出司法建议</td>
</tr>
</table>

（续）

裁判类型		基本情况	适用条件
原告胜诉	履行	行政不作为	（1）被告不作为违法并履行仍有现实意义和可能判决在法定期限内履行职责； （2）尚需被告调查、裁量的，应判决被告针对原告的请求重新处理
	给付	给付不作为	（1）被告依法负有给付义务的，判决被告履行给付义务； （2）原告未先向行政机关提出申请的，法院裁定驳回起诉； （3）法院认为原告所请求履行的法定职责或者给付义务明显不属于行政机关权限范围的，可以裁定驳回起诉
	可以变更		行政处罚明显不当（种类、幅度不当）或其他行政行为涉及款额确定、认定错误的，法院可以判决变更（也可判决撤销责令重作）
			变更不得对原告加重义务或减损权益，但利害关系人同为原告且诉讼请求相反的除外
	确认	确认违法	违法但不能撤销： （1）行政行为应当撤销，但撤销会给国家利益、社会公共利益造成重大损害； （2）行政行为程序轻微违法，但对原告权利不产生实际影响（期限、通知、送达等轻微违法）
			判撤销或履行无实际意义： （1）行政行为违法，但不具有可撤销内容（执行完毕，无法恢复）； （2）被告改变原违法行政行为，原告仍要求确认原行政行为违法的； （3）被告不履行或者拖延履行法定职责，判决履行没有意义的
		确认无效	（1）不具有行政主体资格、减权利或者加义务没有依据、内容不可能实现等重大且明显违法情形，原告申请确认行政行为无效的。 （2）轻诉违法可重判无效。 （3）重诉无效改轻诉违法可轻判，拒绝改轻诉判驳回请求。起诉请求确认无效，法院认为不属于无效，经释明原告请求撤销的，应继续审理并依法作出相应判决；原告拒绝变更诉讼请求的，判决驳回其诉讼请求
		补救赔偿	（1）可同时责令被告采取补救措施； （2）法院认为行政违法或无效可能给原告造成损失，经释明原告请求一并解决赔偿争议的，可以就赔偿进行调解；调解不成应一并判决，也可告知原告就赔偿另行起诉
复议判决	维持错误		（1）原始共同被告应当一并判：法院对原行为判决时，应当对复议决定一并作出相应判决； （2）追加共同被告可以一并判：法院依职权追加原机关或复议机关为共同被告的，对原行政行为或者复议决定可以作出相应判决
		原错、复议维持错	判决撤销原行为和复议决定，可以同时判决原机关重新作出行政行为
		原不作为、复议驳回错	判决原机关履行职责或者给付义务，应当同时判决撤销复议决定
		原对、复议维持错	原行为合法但复议决定违法，可以撤销复议决定或确认复议决定违法，并驳回对原行为诉讼请求
	改变错误		判决撤销复议决定，可以一并责令复议机关重作复议决定或判决恢复原行政行为的法律效力

2024-1-仿真5（单选）市人社局将田某的养老保险关系转入社会保险关系，田某认为自己应该是按照事业单位保险缴纳，于是向市政府申请复议。市政府决定维持，田某不服，向人民法院起诉，法院以不属于行政案件受案范围驳回起诉。关于本案，下列说法正确的是：

A. 收到复议决定后应 60 日内起诉

B. 法院应当裁定一并驳回对市人社局和市政府的起诉

C. 本案应由中级法院管辖

D. 若法院审理该案，市政府不需要对市人社局行政行为的合法性承担举证责任

答案：B

考点六十一：行政诉讼的二审判决

二审	**维持原判**	驳回上诉，维持原判	原判认定事实清楚，适用依据正确
	依法改判	改判、撤销或变更	原判认定事实清楚，适用依据错误
	应当发回重审	重审须另组合议庭	遗漏当事人或漏判诉讼请求等严重程序违法
	改判或发回	对重审案件裁判可上诉	原判事实不清、证据不足
	赔偿请求	一审遗漏行政赔偿请求： （1）二审法院认为不应赔偿→判决驳回行政赔偿请求； （2）二审法院认为应当赔偿→可以调解→不成，就赔偿部分发回重审	
		当事人在二审期间提出行政赔偿请求→可以调解→不成，告知另行起诉	
	原审法院对发回重审的案件作出判决后，当事人提起上诉的二审法院不得再次发回重审		
	二审法院需要改变原审判决的，应当同时对被诉行政行为作出判决		

考点六十二：行政诉讼的执行

一、行政诉讼裁判的执行

申请	（1）行政机关拒不履行赔偿、补偿或其他给付义务的，对方当事人（原告、第三人）可以依法向法院申请强制执行； （2）原告或第三人不履行，对方当事人可以申请法院强制执行，有强制执行权的行政机关自行执行
	申请执行的期限为 2 年，逾期申请的不予受理，有正当理由的除外
管辖	当事人向一审人民法院申请执行，一审法院认为需要可以报请二审法院执行
依据	判决书、裁定书、赔偿书、调解书
执行措施	**对行政机关：**（1）通知银行从该行政机关的账户内划拨。（2）在规定期限内不履行的，从期满之日起**对该行政机关负责人按日处 50 元至 100 元的罚款**。（3）将行政机关拒绝履行的情况予以**公告**。（4）向监察机关或者该行政机关的上一级行政机关提出司法建议，接受司法建议的机关根据有关规定进行处理，**并将处理情况告知法院**。（5）拒不履行判决、裁定、调解书，社会影响恶劣的，**可以对该行政机关直接负责的主管人员和其他直接责任人员予以拘留**；情节严重构成犯罪的，依法追究刑事责任 **对行政相对人：**被告有强制执行权的可以自行执行，无权的申请法院执行

（续）

判决先予执行	（1）没有依法支付抚恤金、最低生活保障金和工伤、医疗社会保险金的案件，权利义务关系明确、不先予执行将严重影响原告生活的，可以根据原告的申请，裁定先予执行。法院不得要求申请人提供担保。（2）当事人对先予执行裁定不服的，可以申请复议一次，复议期间不停止裁定的执行

二、行政诉讼中行政行为的执行

情况	原则	例外
有执行权	原则上诉讼期间不停止执行	裁定停止执行：（1）被告认为需要停止执行；（2）原告或者利害关系人申请停止执行，法院认为行政行为执行会造成难以弥补的损失，且停止执行不损害国家社会公共利益；（3）法院认为该行政行为执行会给国家社会公共利益造成重大损害；（4）法律、法规规定停止执行。当事人对停止执行或者不停止执行的裁定不服，可以申请复议一次
无执行权	诉讼中申请法院执行行政行为的，法院不得代为强制执行，须等法院裁判后才能依法执行	

考点六十三：行政协议案件的审理

一、行政协议案件的起诉

行政协议案件的起诉	受案范围	肯定	对行政机关不依法履行、未按约定履行行政协议或单方变更、解除行政协议不服（民告官）：（1）政府特许经营协议；（2）土地、房屋等征收征用补偿协议；（3）矿业权等国有自然资源使用权出让协议；（4）政府投资的保障性住房的租赁、买卖等协议；（5）符合行政协议标准的政府与社会资本合作协议；（6）其他行政协议
			对行政协议提起民事诉讼后被裁定不予立案或驳回起诉，当事人又提起行政诉讼的，法院应当受理
		否定	（1）行政机关之间因公务协助订立协议；（2）行政机关与其工作人员订立劳动人事协议
	管辖		（1）按照行政诉讼法及其司法解释的规定确定管辖法院；（2）当事人书面协议约定选择被告所在地、原告所在地、协议履行地、协议订立地、标的物所在地等与争议有实际联系地点的法院管辖的，法院从其约定，但违反级别管辖和专属管辖的除外
	当事人	原告	（1）行政协议的行政相对人或利害关系人可以作为原告起诉；（2）只能"民告官"，行政机关不能起诉，也不能提起反诉
			行政协议的利害关系人：（1）参与招标、拍卖、挂牌等竞争性活动，行政机关应当依法与其订立行政协议但拒绝订立，或行政机关与他人订立行政协议损害其合法权益的；（2）征收征用补偿协议损害其合法权益的被征收征用土地、房屋等不动产的用益物权人、公房承租人；（3）其他认为行政协议的订立、履行、变更、终止等行为损害其合法权益的
		被告	（1）作出被诉行政协议行为的行政机关是被告；（2）因行政机关委托的组织订立的行政协议发生纠纷的，委托的行政机关是被告

二、行政协议案件的审理规则

行政协议案件的审理规则	举证责任		被告对于具有法定职权、履行法定程序、履行相应法定职责以及订立、履行、变更、解除行政协议等行为的合法性承担举证责任
			原告主张撤销、解除行政协议的，对撤销、解除行政协议的事由承担举证责任
			对行政协议是否履行发生争议的，由负有履行义务的当事人承担举证责任
	审理程序	审理标准	（1）法院对被告订立、履行、变更、解除协议的行为是否具有法定职权、是否滥用职权、适用法律法规是否正确、是否遵守法定程序、是否明显不当、是否履行法定职责进行合法性审查； （2）原告认为被告未依法或未按照约定履行协议的，法院应当针对其诉讼请求，对被告是否具有相应义务或履行相应义务等进行审查
		调解	法院审理行政协议案件可以依法进行调解。法院调解应当遵循自愿、合法原则，不得损害国家利益、社会公共利益和他人合法权益
	法律适用	参照民事法律	（1）法院审理行政协议案件可以参照适用民事法律规范关于民事合同的相关规定； （2）行政协议案件审理程序，行政诉讼法没有规定的，参照适用民事诉讼法的规定； （3）行政协议约定仲裁条款的，法院应当确认该条款无效，但法律、行政法规或我国缔结、参加的国际条约另有规定的除外
		诉讼时效	（1）对行政机关不依法履行、未按照约定履行协议提起诉讼的，参照民法关于诉讼时效的规定； （2）对行政机关单方变更、解除协议等行为提起诉讼的，适用行政诉讼关于起诉期限的规定
	溯及力		2015 年 5 月 1 日之前订立的行政协议发生纠纷的，适用当时的法律、行政法规及司法解释

三、行政协议案件的判决与执行

<table>
<tr><td rowspan="7">行政协议案件的判决与执行</td><td rowspan="4">判决</td><td>被告变更解除</td><td>（1）被告因履行协议可能严重损害国家利益、社会公共利益而合法变更、解除协议的，判决驳回原告诉讼请求；给原告造成损失的判决被告予以补偿；
（2）被告变更、解除协议的行政行为违法的，法院判决撤销或部分撤销，还可以责令被告重新作出行政行为，并可以依法判决被告继续履行协议、采取补救措施，给原告造成损失的判决被告予以赔偿</td></tr>
<tr><td>被告未履行</td><td>参照民事法律规范关于审理合同案件的规定</td></tr>
<tr><td>判决撤销解除</td><td>参照民事法律规范关于审理合同案件的规定</td></tr>
<tr><td>确认未生效或无效</td><td>参照民事法律规范关于审理合同案件的规定</td></tr>
<tr><td rowspan="2">行政机关申请法院强制执行</td><td>履行决定</td><td>（1）相对人未按照行政协议约定履行义务，经催告后不履行，行政机关可以作出要求其履行协议的书面决定；
（2）相对人收到书面决定后在法定期限内未申请行政复议或者提起行政诉讼且仍不履行，协议内容具有可执行性的，行政机关可以向法院申请强制执行</td></tr>
<tr><td>处理决定</td><td>（1）法律、行政法规规定行政机关对行政协议享有监督协议履行的职权，相对人未按照约定履行义务，经催告后不履行，行政机关可以依法作出处理决定；
（2）相对人在收到该处理决定后在法定期限内未申请行政复议或者提起行政诉讼，且仍不履行，协议内容具有可执行性的，行政机关可以向法院申请强制执行</td></tr>
</table>

专题十一　国家赔偿

扫描右侧二维码"听课＋做题"，直达最佳学习效果

1. 在线听课：学习本章节核心考点讲解课程。
2. 在线刷题：点击⌂进入题库做章节练习。

考点六十四：国家赔偿概述

一、概念

国家赔偿：国家机关及其工作人员→**职权行为**→**法律规定的**损害情形→国家机关赔偿。

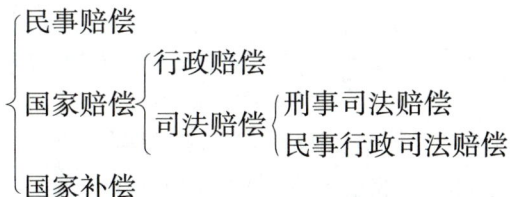

$$
\begin{cases}
\text{民事赔偿} \\
\text{国家赔偿}
\begin{cases}
\text{行政赔偿} \\
\text{司法赔偿}
\begin{cases}
\text{刑事司法赔偿} \\
\text{民事行政司法赔偿}
\end{cases}
\end{cases} \\
\text{国家补偿}
\end{cases}
$$

合法行使职权造成的损害国家予以补偿，违法或过错（限制人身自由监管过错）行使职权造成损害依法予以赔偿，但刑事司法赔偿中错拘、错捕、错判的赔偿适用**无罪**原则。

二、国家赔偿的构成要件

构成要件	违法或过错职权行为、侵害人身财产合法权益、直接损失（必得利益受损）、因果关系、法定范围

考点六十五：行政赔偿

一、行政赔偿的范围

肯定列举	（1）损害人身自由权（违法拘留、限制人身自由强制措施、非法拘禁）；（2）损害生命健康权（暴力或唆使**放纵他人**进行**虐待**、殴打，违法使用武器警械和其他违法行为造成死伤的）；（3）损害财产权；（4）侵害人身权行为致精神损害；（5）侵害其他合法权益造成人身财产损害
	侵权行为类型总结：（1）违法具体行政行为（含违法不作为）；（2）违法行政事实行为；（3）违法行政协议行为；（4）限制人身自由监管过错
否定列举	（1）行政人员个人行为致害；（2）受害人自己致害；（3）第三人致害；（4）不可抗力致害

二、行政赔偿的请求人和赔偿义务机关

请求人	普通情况	侵权行为的受害人
	公民死亡	继承人、其他有抚养关系的亲属、死者生前抚养的无劳动能力人
	组织终止	承受其权利的人
行政赔偿义务机关	单独行政赔偿	侵权行为的行政机关、法定授权组织
	共同行政赔偿	（1）多机关共同实施违法行政行为或分别实施违法行政行为造成同一损害，每个行政机关的违法行为都足以造成全部损害的，应负连带赔偿责任； （2）多机关分别实施违法行政行为造成同一损害的，根据过错比例各自承担相应的行政赔偿责任，难以确定责任大小的平均承担责任
	第三人过错赔偿	（1）行政机关及其工作人员或与第三人恶意串通作出的违法行政行为，应负连带赔偿责任。 （2）第三人与行政机关均有过错，行政机关按照在损害发生和结果中的作用大小承担相应的行政赔偿责任。 （3）由于第三人提供虚假材料导致行政行为违法，行政机关尽到审慎审查义务的不承担赔偿责任。 （4）第三人行为造成损害的，由第三人承担侵权赔偿责任；但第三人赔偿不足、无力赔偿或下落不明，行政机关又未尽保护、监管、救助等法定义务的，应根据行政机关未尽法定义务在损害发生和结果中的作用大小，承担相应的行政赔偿责任
	委托机关赔偿	受委托的组织或个人侵权由委托机关赔偿
	继受机关赔偿	赔偿义务机关被撤销的，继续行使职权的机关赔偿
	撤销机关赔偿	赔偿义务机关被撤销又无继受机关的，撤销它的机关赔偿
	复议机关赔偿	复议加重损害的，复议机关只对加重部分赔偿，原行为损害由原机关赔偿，复议机关与原行政行为机关为共同被告，遗漏但不同意追加共同被告的只能追加遗漏的机关为第三人
	派出机关赔偿	执行自身职权由自己赔偿，执行交办任务由交办机关赔偿
	申请机关赔偿	申请法院强制执行具体行政行为，由于执行的行政决定错误，由申请机关赔偿
	行政不作为赔偿	由于不可抗力等客观原因造成损害的，行政机关不作为导致未能及时止损或损害扩大，应根据行政不作为在损害发生和结果中的作用大小，承担相应的赔偿责任

考点六十六：行政赔偿程序

单独提起行政赔偿诉讼	（1）行政行为**已被确认为违法可单独提起行政赔偿诉讼**。知道侵权行为 2 年内向赔偿义务机关申请赔偿（行政先行处理）→赔偿义务机关 2 个月内作出是否赔偿决定→**3 个月内提起行政赔偿诉讼**： ①未作赔偿决定的 2 个月期满后 3 月内提起行政赔偿诉讼；②作出赔偿决定并书面送达申请人→不服的，自作出赔偿决定之日起 3 个月起诉；③不予赔偿决定：书面送达申请人，并说明理由→不服再向法院起诉，参照行政诉讼的程序审理。 （2）行政行为**未被确认为违法**就单独提起行政赔偿诉讼的，法院应当**视为提起行政诉讼时一并提起行政赔偿诉讼**。 （3）行政机关**最终裁决的行政行为被确认违法后**，赔偿请求人可以单独提起行政赔偿诉讼。 （4）**仅对行政复议决定中的行政赔偿部分有异议**，自复议决定书送达之日起 15 日内可提起单独行政赔偿诉讼
复议时一并提出赔偿请求	复议机关→复议决定认定违法＋赔偿决定（可调解）；复议机关对财产权损害主动作出赔偿决定
提起诉讼时一并提出赔偿请求	（1）**应单独立案，但可与行政诉讼合并审理，按照行政诉讼程序**。 （2）法院→判决认定违法＋赔偿判决（可调解）。原告应在一审庭审终结前提起行政赔偿诉讼，**一审庭审终结后、宣判前提起行政赔偿诉讼的，是否准许由法院决定**
行政追偿	行政赔偿义务机关→支付赔偿费用→应当责令故意或重大过失的组织或个人→全部或部分赔偿费用

考点六十七：司法赔偿的范围

一、刑事司法赔偿范围

	案件类型		主要情况	不赔偿的情况
人身权	**错误刑拘**	**无犯罪事实**	**拘留逮捕后作无罪处理**：决定撤销案件、不起诉（无罪或存疑）或判决宣告无罪	错拘赔偿范围仅限于：（1）违反法定条件和程序。（2）超过法定时限；违法刑拘的人身自由赔偿金自拘留之日起计算
	错误逮捕			有犯罪事实但无刑事责任能力或免于追究的人被逮捕、拘留不予赔偿
	错误判刑	**无刑事责任**	**对无犯罪事实者**判处并执行刑罚：（1）再审**改判无罪**；（2）数罪并罚案件再审改判**部分无罪**，已监禁刑期超出再审判决刑期的，赔超过部分	减刑、假释、缓刑、管制、剥夺政治权利、驱逐出境、取保候审等未实际关押的不予赔偿
			有犯罪事实但不应追究刑事责任而错误判刑	
	违法暴力伤害虐待		司法人员或其**放纵**、唆使的人实施与职权有关的非法**虐待**、暴力造成死伤	公民自伤自残行为；司法人员个人行为
	违法使用武器警械		司法机关及其人员在执行职务时违法使用武器、警械造成死伤	正当防卫使用武器、警械的

（续）

| 财产权 | 错误罚没 | 再审改判**无罪**，原判罚金、没收财产已执行的 | 原判决被改变但仍然有罪 |
| | 违法查封扣押冻结追缴 | **未依法解除查封、扣押、冻结或者返还财产的**：（1）财产与尚未终结的刑事案件无关；（2）针对生效裁决没有处理的财产或者对该财产违法进行其他处理的；（3）无罪处理：终止侦查、撤销案件、不起诉、判决宣告无罪 | |

注意：
（1）故意作虚假供述或伪造有罪证据，<u>自证其罪</u>而被羁押或判刑的不予赔偿。
（2）<u>赔前不赔后</u>：无罪被判虚刑而没有实际羁押的，只赔判刑之前的羁押，不赔没有羁押的虚刑。
<u>赔后不赔前</u>：有犯罪事实但不应追究刑事责任（绝对不起诉和酌定不起诉）而被错误判处刑罚并实际执行的，只赔错判并执行的刑期，对判刑之前的刑拘、逮捕等羁押不予赔偿。<u>前后按判决确定区分</u>

二、民事行政司法赔偿范围

违法采取司法强制措施	仅限于**司法罚款、司法拘留**两者：（1）**对没有妨害诉讼的人**罚款或拘留；（2）超过**法定金额罚款、超期限拘留**；（3）**重复**罚款、拘留
违法采取保全措施	（1）**不应保全**而采取的；（2）**不应解除而解除或应解除而不解除**的；（3）**明显超出诉讼请求的范围**采取保全措施；（4）对与案件无关的财物采取保全措施；（5）违法保全案外人财产；（6）**不履行监管职责**；（7）违法采取**行为保全**措施等
错误执行生效法律文书	指执行行为错误，而**不是被执行的法律文书错误**：（1）执行**未生效**法律文书的；（2）超出**数额和范围**执行；（3）**故意拖延或不执行**导致财产流失；（4）应当恢复执行而**不恢复**导致财产流失；（5）**违法执行案外人**财产的；（6）违法将案件执行款物**执行给其他当事人**或案外人；（7）对执行中查封、扣押、冻结的财产**不履行监管职责**；（8）对执行财产应当拍卖而**未依法拍卖**的，或**未依法评估**，违法变卖或者以物抵债的
违法先予执行	（1）违反**法定条件和范围**先予执行；（2）**超出诉讼请求**范围先予执行
暴力伤害	司法人员或其唆使的人实施与职权有关的非法暴力造成死伤
违法使用武器	司法机关及其人员在执行职务时违法使用武器、警械造成死伤
不予赔偿	（1）错误保全、错误先予执行（非违反条件或范围）可以恢复；（2）错误判决但可以恢复；法院工作人员与行使职权无关的**个人行为**；（3）**因不可抗力、正当防卫和紧急避险**造成损害后果；（4）第三方致害，与法院无关
减轻赔偿	（1）**受害人**对损害结果的发生或扩大**也有过错**，根据**过错所起的作用依法减轻**国家赔偿责任；（2）**因多种原因造成**受害人损害的，应根据法院及其工作人员**职权行为对损害结果的作用**，合理确定赔偿金额

考点六十八：司法赔偿的请求人和赔偿义务机关

一、司法赔偿的请求人

| 普通情况 | 侵权行为的**受害人** |
| 公民死亡 | 继承人、其他有抚养关系的亲属、死者生前抚养的无劳动能力人 |

（续）

组织终止	承受其权利的人

二、赔偿义务机关（作出最终生效错误法律文书的机关）

错拘案件赔偿	错拘机关赔偿；检察拘留仅由公安实施的，视检察院为错拘机关
错捕案件赔偿	错捕机关赔偿（批捕与公诉检察院不一致的，由批捕的赔偿）
二审改判无罪案件赔偿	一审法院赔偿
二审发回一审无罪处理	一审法院赔偿
二审发回重审检察院终止追究刑事责任的	视为二审改判无罪：（1）检察院撤诉后不起诉、撤案；（2）撤诉超过30日或法院决定按撤诉处理超过30日未作出不起诉决定的
再审改判的	作出原生效判决的法院赔偿
民事行政案件赔偿	作出侵权行为的法院赔（多个法院有委托关系，谁违法谁赔偿）
看守所侵犯合法权益	主管机关为赔偿义务机关
司法人员侵权行为	司法人员履行职务时发生的侵权，由其所在机关赔偿
追偿：赔偿义务机关→作出赔偿决定后→有责任（暴力行为、腐败行为）的工作人员	

考点六十九：司法赔偿程序

一、申请、复议与审理

申请		知道侵权后2年内向赔偿义务机关申请（无须先确认侵权行为违法）
司法复议		（1）赔偿义务机关作出决定后30日内向上级机关申请复议，复议机关在2个月内作出决定；（2）赔偿义务机关是法院，对其决定不服无须复议，在法院作出决定后30日内向上一级法院赔委会申请作出赔偿决定
法院审理	国家赔偿委员会审理	（1）不服复议决定，收到决定后30日内向复议机关同级法院赔偿委员会申请作出赔偿决定，申请书一式四份，可以口头申请。（2）赔偿请求人可以委托1—2名代理人，赔偿义务机关、复议机关可以委托本机关工作人员1—2人作为代理人（不能委托律师）。（3）原则上书面审查，当事人争议较大的，赔委会可以组织请求人和义务机关质证，可以录音录像。（4）中院以上设立赔委会，由法院3名以上审判员组成，组成人员的人数应当为单数。指定一名审判员承办，但必须由赔委会作出赔偿决定。（5）赔偿委员会作出决定应当制作国家赔偿决定书，加盖法院印章
	申诉	当事人不服决定，向上一级法院赔委会提出申诉。经本院院长决定或者上级人民法院指令，赔委会2个月内重审决定

二、司法赔偿案件的举证责任

原则	谁主张、谁举证，请求人和赔偿义务机关对自己的主张应当提供证据

（续）

举证责任	申请人	（1）职权行为与损害结果的因果关系事实；（2）职权行为导致具体损害的结果事实
	赔偿义务责任	（1）赔偿义务机关职权行为合法、无过错；（2）赔偿义务机关行为与被羁押人在羁押期间死亡或者丧失行为能力不存在因果关系；（3）因赔偿义务机关过错致使请求人不能证明事实的；（4）抗辩免责情形：赔偿请求超过时效、作虚假供述或伪造有罪证据自证其罪等

考点七十：国家赔偿计算标准和费用

方式	人身权	人身自由权、生命健康权：金钱赔偿、精神赔偿（恢复名誉，赔礼道歉，消除影响，精神损害造成严重后果的应支付精神抚慰金）
	财产权	金钱赔偿、返还财产、恢复原状
限制人身自由		按日支付赔偿金，每日赔偿金按照国家上年度职工日平均工资计算
造成身体伤害		医疗费、护理费和误工费。误工费按国家上年度（赔偿决定时上年度，复议、法院维持按原决定上年度）职工日平均工资计算，不超过年平均工资5倍
劳动能力丧失		（1）医疗费、护理费、误工费、残疾生活辅助具费、康复费等因残疾而增加的必要支出和继续治疗所必需的费用，残疾赔偿金按照国家规定的伤残等级确定，全部丧失劳动能力的按国家上年度职工年平均工资的10—20倍；部分丧失劳动能力的不超过10倍，但有抚养义务的不超过20倍。 （2）全部丧失劳动能力的，对其扶养的无劳动能力人支付生活费
公民死亡		（1）支付死亡赔偿金加丧葬费，总额为国家上年度职工年平均工资20倍； （2）对其生前扶养的无劳动能力人支付生活费，当地最低生活保障标准执行
精神损害		（1）应当在侵权行为影响范围内，消除影响，恢复名誉，赔礼道歉； （2）造成严重后果的，支付相应的精神抚慰金（按照侵权情节和损害结果）
侵犯财产权利		（1）能够返还财产或恢复原状的返还恢复，不能返还或恢复的给付赔偿金，按照损失发生时的市场价格或者其他合理方式计算。 （2）已经拍卖、变卖的，给付拍卖、变卖价款；变卖价款明显低于财产价值应支付相应赔偿金。 （3）吊销扣缴许可证执照、查封经营场所、责令停产停业导致停业无法经营的，赔偿停产停业期间必要的经常性费用开支（即停业期间维持正常运转的基本费用，包括水电、租金、人员工资、税费、物业等）。 （4）其他损害赔偿直接损失（只包含必得利益，排除可期待利益）。 （5）返还执行的罚款或者罚金、追缴或者没收的金钱，解除冻结的存款或者汇款的，应当支付银行同期存款利息，不计算复利。 （6）违法征收征用土地、房屋，行政赔偿不得少于被征收人依法应当获得的安置补偿权益

附录 1 行政许可、行政处罚与行政强制
对比记忆表

种类	行政强制措施（暂时控制）		行政强制执行（执行命令）	行政许可（批准资格）	行政处罚（惩罚违法）
实施主体	行政机关		法律授权的行政机关	行政机关	行政机关
	法律、行政法规授权的组织		人民法院	法律、法规授权的组织	法律、法规授权的组织
	行使集中处罚权的行政机关		集中处罚机关须法律授权	集中许可的机关（国批省定）	集中处罚机关（国定、省定）
	不得委托		不可委托	委托其他行政机关	委托公共组织
	行政执法人员2人以上		行政执法人员无人数限制	实质审查须2人以上	行政执法人员2人以上
主要类型	（1）非拘留的限制人身自由；（2）查封场所、设施或财物；（3）扣押财物；（4）冻结存款汇款；（5）其他		（1）间接强制：代履行、执行罚；（2）直接强制：划拨、拍卖或依法处理查封扣押物、其他（执行强制拆除等）	（1）一般许可；（2）特许；（3）认可；（4）核准；（5）登记；（6）法律、行政法规设立的其他许可	警告、通报批评、行政拘留、罚款、吊销许可证、降低资质等级、责令关闭、责令停产停业、限制生产经营、限制从业、没收违法所得或非法财物、法律行政法规创设其他处罚
实施目的	制止强制、预防强制、保障强制		为实现具体行政行为确定的义务而强制	依申请→审查→批准从事特定行为	对违法行为进行惩罚
特征	临时性；非惩罚		替代性；从属性；有时带惩罚性	相对禁止、依申请、外部性、授益性、书面	惩罚性、独立性、终结性
设定	法律	可以设任何	只能由法律设定	可以设任何	可以设任何
	行政法规	限制人身和冻结除外	不能	无限制	限制人身除外
	地方法规	可设查封扣押	不能	地方立法不能设4种许可	限制人身和吊销企业营业执照除外
	规章	不能	不能	省级政府规章可设1年的临时许可	均可设定警告、通报批评和一定数额的罚款
	文件	不能	不能	国务院的文件可以设	不能

（续）

种类	行政强制措施 （暂时控制）	行政强制执行 （执行命令）	行政许可（批准资格）	行政处罚（惩罚违法）
评价	设定机关**应当**定期评价，实施机关、相对人**可以**评价	设定机关**应当**定期评价，实施机关、相对人**可以**评价	设定机关**应当**定期评价，实施机关、相对人**可以**评价	国务院部门、省级政府和有关部门**应当**定期评估
期限	10 日以内为工作日	10 日以内为工作日	工作日	2、3、5、7 日（7 日以内）为工作日
听证	无	无	依申请或依职权，必须按照听证笔录作出决定	责令关闭、降低资质、限制从业、吊销、停业、较大数额罚款或没收等有权申请听证，应根据听证笔录作出处罚决定
程序	一般程序和特殊程序	行政机关自行强制程序；申请法院执行程序；罚款、拆违的执行程序	集中实施、统一办理、联合办理（可以）、一个窗口对外（应当）	简易程序（警告、通报批评、公民 200 元以下或单位 3 000 元以下的罚款）、一般程序和执行程序
特别规定	查封、扣押期限法律、行政法规另有规定的除外，冻结期限法律有特别规定的除外	代履行的费用由当事人承担，但法律另有规定的除外	许可决定期限法律、法规另有规定的除外，延续期限法律、法规、规章另有规定的除外，收费法律、行政法规有特别规定可以	处罚时效法律有特别规定的除外
费用	查封、扣押后的保管检测费用由行政机关承担	申请法院强制执行的费用由被执行人承担	按照法律、行政法规的规定收费	15 日向银行交罚款（但**当场罚 100 元、当场罚款后当场不收事后难执行、向银行交和电子支付有困难经当事人申请**的可以当场收罚款）

附录2 行政复议与行政诉讼区别对照表

	行政复议	行政诉讼
受案	合法性、适当性	合法性（含明显不当）
告谁	被申请人	被告
	上级批准的告上级	上级批准的，谁盖章告谁
	对复议决定不服起诉，复议维持的原机关与复议机关为共同被告，复议改变的告复议机关，对复议机关不作为不服的告复议机关	
第三人	均为申请人型，可以通知（不通知还可诉讼）	应当通知第三人参加诉讼
管辖	行政复议机关管辖，行政复议机构承办	法院的地域管辖和级别管辖
期限	60日（申请和审理）	6个月（申请和审理）
	法律规定申请长于60日，审理短于60日有效	起诉期限法律规定长于或短于6个月均可
裁判	合法的行政行为决定维持	合法的行政行为判决驳回诉讼请求
	不能作出对申请人更加不利的决定，第三人请求相反的除外	变更判决不能改重，利害关系人同为原告且请求相反的除外
	内容不当、依据错误、证据不足的决定变更	明显不当可以判决撤销，但行政处罚明显不当、其他行政行为款额认定错误的还可以判决变更
	针对侵害财产权的，复议机关可以主动作出赔偿决定	不告不理，当事人没提赔偿请求不能主动判决被告赔偿
附带审查	抽象行政行为不合法，复议机关有权处理则直接处理，无权处理的转送有权的行政机关处理	抽象行政行为不合法，法院一律无权直接处理，只能不适用，并由终审法院建议制定机关处理
执行	对被申请人：复议机关或上级机关直接责令履行，可以约谈被申请人的负责人或通报批评	对被告：（1）直接划拨款项；（2）对主要负责人、责任人处以罚款；（3）向上一级行政机关或监察、人事机关提出司法建议；（4）构成犯罪的追究刑事责任；（5）对主要负责人、责任人司法拘留
	对申请人、第三人：复议维持的原机关执行、变更的复议机关执行、调解书由复议机关执行或申请法院执行	对原告、第三人：被告有强制执行权的自行执行行政行为，无权的申请法院执行判决

（续）

	行政复议	行政诉讼
其他	免费（鉴定费用除外）、一级审查	收费、两审终审
	普通程序应听取意见，简易程序可书面审理，可以依申请或依职权听证	一审开庭审理，二审没有新的证据和事实的可以不开庭书面审理，无听证程序
	简易程序和普通程序均须2名以上的复议人员参加	普通一审四类案件可以适用简易程序独任审判
	收到申请书后10日提交证据答复，不能延期	收到起诉状副本15日提交证据，可申请延期
	行政复议案件均可以调解	审理赔偿、补偿、裁量行为和行政协议可以调解

附录3 历年真题数字考点汇总表

事项			期间／期日／数额	备注
聘任制公务员			合同期1—5年	试用期1—12个月（普通公务员为1年）
公务员处分期合并			最高48个月	撤职以下相同处分，限制加重合并执行
行政法规的备案			公布后30日内国务院办公厅报请全国人大常委会备案	
行政规章的备案			公布后30日内由法制机构报请备案	
政府信息公开	主动		20个工作日内	
	依申请		20个工作日内	延长不超过20个工作日
许可技术核准			5日内	2人以上
许可延续			有效期届满30日前申请	（1）逾期未定，视为准予延续；（2）未按期申请，应予注销；（3）法律、法规、规章可例外
申请限制	隐瞒／虚假		未遂的1年内不得再次申请	仅限直接关系重要安全的事项
	欺骗／贿赂		既遂的3年内不得再次申请	
行政处罚时效			行为发生之日或连续、继续终了之日起2年内，生命健康、金融安全且有危害后果的处罚时效5年，法律另有规定除外	治安处罚6个月
行政处罚程序	简易		仅限警告、通报批评或公民200元以下、单位3 000元以下的罚款	执法人员2人以上
	普通		收到告知5日内申请→公开听证7日前通知	立案90日内作出处罚决定
	执行		可按日处罚款数额3%执行罚，不超罚款本身	简易程序当场罚款100元可以当场收缴
治安管理处罚	程序	一般	询问不超过8小时，复杂可能拘留的不超过24小时	决定书当场或2日内送到
		简易	警告或罚款200元以下可当场	简易程序当场罚款50元可以当场收缴
		听证	吊销许可证或2 000元以上罚款	—
冻结、查封、扣押			一般不得超过30日	机关负责人批可延长不超过30日

（续）

事项		期间 / 期日 / 数额	备注
代履行催告		代履行 3 日前再次催告当事人履行	
申请法院强制执行		受理后形式审查 7 日内裁定是否执行，明显违法需实质审查的 30 日内裁定是否执行；裁定不予执行的行政机关在 15 日内向上级法院复议，上级法院在 30 日内裁定是否执行	
复议诉讼自由选择		收到复议决定或复议期满后 15 日内起诉	有特别规定的，从其规定
复议申请		知道具体行为或签收法律文书 60 日内	法律规定超过的，从其规定
复议审理		复议机关受理 7 日内送申请书达被申请人，被申请人 10 日内书面答复并提交行为依据	
复议决定		60 日内，延长不超过 30 日	法律规定少于的，从其规定
补正申请材料		收到复议申请之日起 5 日内书面通知申请人	
一审审前准备		诉状副本 5 日内送被告→被告 15 日内答辩→答辩状副本 5 日内送原告	
一审审理期限		立案之日起 6 个月内	一般不简易，但有例外，45 日内审结
附带审查抽象行政行为		法院自裁判生效 3 个月内向制定机关提司法建议	制定机关在收到司法建议后 60 日内书面答复
单独提起行政赔偿程序	直接提起	2 年内向赔偿义务机关申请	赔偿义务机关 2 个月内决定
	行政赔偿诉讼	未作赔偿决定 2 个月期满后的 3 个月内提起	
		赔偿决定（应听取意见并协商）和不予赔偿决定（应写明理由）	不服的决定作出之日起 3 个月内起诉
	法院审理	一审 3 个月	二审 2 个月